U0035718

思想觀念的帶動者

文化現象的觀察者

本土經驗的整理者

生命故事的關懷者

Caring

生命長河，如夢如風
猶如一段逆向的歷程
一個掙扎的故事，一種反差的存在
留下探索的紀錄與軌跡

牽著天使的手

17個慢飛家庭故事

作者——林美瑗

目次

【序二】
風吹有情

中國醫藥大學附設醫院兒童發展與行為科主任
郭煌宗

在這個特別長的冬季裡，雨下得讓宜蘭和台北的朋友都心煩之時，很高興能看到本書，感受美瑗這股不滅的熱情。

人活在地球，地球會轉，風是一種必然的元素，是人碰風，亦是風吹人；而有情也是一種必然，美瑗感謝早療協會的培養，同樣的，早療協會也感謝美瑗的情感與付出，這種感覺不也是有情？16加1個家庭的內心，看得出美瑗有把故事聽進去、把現象看進去，因此在文字裡，把心也寫進去了。

在佛教的文字裡，人又別稱「有情」，花蓮與台東的風，和基隆及新竹的風不同，人與心情也有差異，但美瑗的文字對人與心的描述，卻將台灣東部與西部的差異到位地陳述出來，此外更能看見她鼓勵家長的用心，以及情跨兩岸的底蘊。

對於每天都需要四十八小時彷彿才夠用的她，大家必需相信，要寫出一本書真的很不簡單，特別是這種連別人的專業術語都要弄清楚的文字。我期待有更多家長不需要親自經歷這些苦難就能得到豐富的收穫與成長，或者，至少經歷波折的時間也能因本書而縮短。

佇立在有情的風中，祝福大家都能擁有友善與平安的關係。

【序二】

守得雲開見月明

東海大學社會工作學系所教授
曾華源

每個孩子都是父母的心頭肉，也就是世上沒有哪個正常父母是不疼愛自己子女的，本書中就有太多、太多父母的行徑令人感動佩服，他們無怨無尤地照顧身心發育有障礙的孩子，這些發展障礙孩子的成長的每一步，也都揉進了父母點點滴滴的愛，而因為孩子的特異行為，在照顧與陪伴上流下的艱辛血淚，在故事中更處處透露出為人父母的生命韌性與耐力。

但是僅賴自己與家庭微薄的力量，要照顧如風中之燭般脆弱的生命，箇中有著更多不為人知的辛酸與苦痛。他們可以放棄嗎？分秒不得鬆懈地照顧育養，長此以往，身體的承擔加上心理的負荷，有誰能了解他們內心的掙扎？我們又可曾看見這群純樸、認命的民眾向社會吶喊，向政府抗爭？他們只是咬緊牙根默默地奔波於復健醫院、學校與家庭間，甚至放棄工作。

台灣是個已經開發的社會嗎？我在從事社會工作教育的過程中，常自問著：一個進步的社會應建構在何種價值之上？生出有障礙的孩子，是生物上的機率、生產醫學上的失誤，還是上帝在試煉這個家庭？這些父母可以選擇放棄嗎？如果選擇遺棄，社會是否會用道德的眼光審判他們？如果他們在照顧孩子的過程中情緒失控，可以不被社會懷疑他們虐待孩子，並免於政府官僚的干預嗎；還是我們該反思，政府應不應積極協助、照顧這些能力有限的民眾？當我們輕鬆地肆意批判時，又有多少人能信心滿滿地自認在照顧這些孩子上，會表現得比他們更好呢？

近十多年來，國際社會工作的教科書已將「案主」改稱為「服務使用者」；在評估與理解這群弱勢者的需求時，改以「環境生態」理論為基礎，強調提升人的韌性、自我效能及增權為服務取向。這些都一改過去專業主義至上的服務意識型態，更加重視人的價值與需要。今天，普遍擁有高學歷的台灣政府官僚體系，是該更重視一般民眾生活上的需求，尤其是弱勢民眾的需求與協助。

本書作者美瑗，是我在慈濟大學社會工作研究所兼課時的學生，當時我不知道她養育著一個身心障礙的孩子，只知道她忙碌於早療協會秘書長的工作。但是她上課時的認真態度、寫碩士論文時的不屈不撓精神，以及口試時，勇於接受老師提出修改的意見與不恥下問的勤奮，在在令我相當佩服。她畢業後，因為我的老家在花蓮，所以當我回家探望母親時，我們有更多聯繫的機會，也讓我更了解她的實務工作。

我自己有兩個孩子，其中一個孩子小時候身體有小障礙，因此深知父母在照顧發展障礙子女時內心的焦慮、不安、無奈、辛勞與限制。過去我曾擔任內政部兒童局的早期療育推動委員多年，並參與政策性與服務方案的規劃，當時就常感受到，許多人不了解照顧發展障礙子女的父母有多辛苦，以及需要協助的處境有多迫切。本書中的案例都是有血有肉的故事，不僅能讓社會大眾更容易理解孩子的特異行為都事出有因，也較能貼近地感受這群父母在照顧孩子上的心理與想法，同時讓許多投入早期療育這行業的新手更容易走進父母與孩子的世界，以獲得他們的信任。我會推薦這本書給我的學生當課外讀物，也向你們鄭重地推這這本書。

【自序】向老天挑戰——慢飛天使家長群譜

多年前，我曾在一個家長座談會上，聽到一位媽媽這樣說：「我生一對兒女，不幸他們都是小腦症，這十來年我的心情是灰暗的，箇中滋味我無法輕易表達……記得有位名人曾說過：『不曾暗夜哭泣過的人，不足以語人生。』所以我相信在座的各位家長一定可以理解我的意思……」

當時我的心被狠狠地震了一下。我瞪大眼睛看著那位媽媽，她是一位瘦小的中年女士，言談舉止十分優雅，若她沒有自我揭露家長身分，在走道或任何地方遇見了，也不會聯想到她是兩位小腦症孩子的媽媽。後來，我知道她是一位幼教老師，兩個孩子都是小腦症合併智能中度障礙，我常想像她的心情：自己的孩子是身心障

礙，許多事都學不來、做不好，可是卻要每天看著別人家孩子能學能做、機靈可愛，前途似錦……那種比較之下的落差和無奈，真的是暗夜哭泣也難掩落寞。

相較於這位媽媽，我算幸運些，至少我兩個女兒中，還有一位是健康懂事又貼心的。可是這種事不好比，也無法比，唐氏症兒的家長會羨慕自閉症孩子長得較好看；情緒障礙的過動兒的父母，有時寧願自己的孩子是安靜乖巧的唐氏症；腦性麻痺兒的父母會覺得小腦症孩子至少能走能跑，多好！而視障孩子活在黑暗中，其父母會遺憾而心想：如果孩子是聽障而不是視障該多棒？

許多時候，比上不足比下有餘，似乎可以安撫一下悵然之心。

天下父母心，孩子不靈光、有身心障礙、有各種學習和生存困難時，心中的感受和面對的苦，真是不知從何說起的沮喪與無奈呀！

這二十多年來，無論是我個人的親身經驗，或工作中的陪伴與看見，都讓我更加懂得小腦症媽媽這句『不曾暗夜哭泣過的人，不足以語人生』的悲悵與了然。可是我從《簡單富足》（*Simple Abundance*）的作者莎拉・布雷斯納克（Sarah Breathnack）書上讀到一句話：「當我們選擇不注視生命中的缺憾，而對當下的富足懷著感恩的心時，就是置身於人間天堂。」或許布雷斯納克不是身心障礙者的父母，講這樣的話有點高調，就像站在岸上為落水者喊加油，那樣的遙不可及的援助心意；但是，身為「慢飛天使」的父母，倘若無法化悲情為力量，勇敢地游向希望的岸邊，爬出逆境，誰又能替代你淹沒與溺斃？

然而，人雖能自覺危機而奮力往岸上爬，卻不是每個落水的人都能幸運地爬上岸，許多時候還得靠岸上的人伸出援手幫忙。不論是用哪種方式，幫忙溺水者脫離險境是人性共有的善良和任務吧？

會想寫這本以家長為主角的故事，是出於深度同理心和感動，同時也希望經由家長的處境，回顧與檢視目前政府的福利政策是否到位？助人工作者的用心程度如何？以及分享我們的工作夥伴服務家長的回饋狀況。

身為慢飛天使的母親兼早療社工界老兵的我，只要閉上眼睛，就能浮現許多家長的身影和話語，他們的困境我懂，他們的堅毅與堅持我可以同理，因此家長永不放棄的精神是激勵我的力量。這些身心障礙者的家長好比溺水的人，他們需要「專業助人者」如醫療人員、特教老師、社工人員、臨床心理諮商等施以援手。專業人

員是站在岸上，有能力、有機會向溺水者（身心障礙者家長）丟繩索或救生圈的人，只要這些助人者能多用點心，看清楚溺水者的處境與位置，多將心比心積極用力，相信能上岸的溺水家長會更多一些。

書中的這些家長，有的處境艱難，好比溺水的位置距離岸邊較遠和較險峻的區域；或有家庭本身的條件（社經地位或居住偏遠等）較不利，或孩子障礙程度嚴重，讓情況雪上加霜，使得救援更加棘手；有些則是虛有政策福利之名，但資源卻遠在天邊。但值得慶幸的是，這些家長具有「向老天挑戰」的勇氣和奮鬥不懈的毅力，許多人最終得以自救、自強與衝破難關，邁向光明及可喘息的岸邊。

書裡的故事都是真人真事（為顧及隱私幾乎均為化名），而且我與他們有緣，不論是深交或淺往，他們和我都有過深刻地注視或互動，許多話不用多講也了然於心，但是緣分或天意讓我們相逢且相扶持，因此我才得以完成這本集結真、善、美於一書的故事，並稱之為「一群飛向彩虹的慢飛天使家長群譜」。感恩上天讓我有這樣的福氣與這些勇者相識，感謝這些父母願意分享他們深沉的心思，感念那些還陷在苦海的家庭、仍在奮力泅泳的家長。願本書能觸動每個接觸它的人心中，那股善良的助人能量和行動。

最後，我要感謝「中華民國發展遲緩兒童早期療育協會」十六年來提供給我的舞台，讓我可以上山下海或前往離島，到處趴趴走地四處與人結好緣，把早療的種子散播於許多角落，並歡喜力邀大家共耕這一畝早期介入之福田。

01 養育孩子的心

花蓮市中山路上，有間幫人修補衣服的小店，小店只有約一．五坪大的空間，從外觀上很容易被忽視，因為它是那樣的不起眼，那樣低調地隱身於車水馬龍之中。店老闆是普安師姐，從事裁縫將近三十年，她除了幫客人量身訂做服裝外，也會修補衣服。普安師姐不但手工巧，腦筋也很靈活，只要看過別人創作的布製手工品，她就有辦法仿製出來，甚至青出於藍超越對方的作品。

我知道她還有不少才藝，例如會彈古箏、善於茶道，又學國畫，算得上是一位才女。可是普安師姐的外表完全沒有「古典美人」的韻味，她雖是裁縫師，卻不講究穿著，成天裡裡外外的忙著工作和幫孩子送便當，整個人看起來灰頭土臉，一點也沒有裁縫師的說服力。我曾問她為何不把自己打扮得漂漂亮亮？普安師姐答道：

「我不喜歡人家注意我，越低調越好。」近來她剪了像男人似的短髮，穿著中國式輕便服裝，臉上的笑容燦爛似陽光，倒給人一種瀟脫自在的儉樸與自信。

我和普安師姐認識有十七年之久了，過去是因為我們都有一個身心障礙的孩子，屬於「同一國的人」，所以交往互動時大多都在談孩子的教養問題，有時也和她分享在社會工作上的一些感觸。這幾年來，我請她幫忙指導其他身心障礙兒家長的手工布品創作，按當初的規劃，是想藉她的手藝和教養經驗，以手創品當餌，把邀約來的家長交給她。大家一邊做手工，一邊聊天，聊的內容是女人最熟悉的家務事，從孩子的吃喝拉撒睡，到婆媳互動，乃至於夫妻意見的爭執，或孩子入學適應的煩惱等等……看著八、九個婦女手拿針線笨拙地縫製作品，同時分享著柴米油鹽的尋常生活，而縫製好的布娃娃或裝碗筷的環保袋，既實用又蘊藏著個人情感，這樣令人感動的畫面，至今仍深印我心。

以智慧養育孩子

普安師姐是我心目中最有智慧的家長之一，我非常敬佩她教養自閉症兒子的理

念和堅毅的母性。她常說：「教養孩子不僅養育他的身，更要養他的心！」她為了兒子選擇做裁縫，這樣一份自營的工作能自由作主，隨時配合兒子上學的需求與因應臨時發生的狀況。

普安師姐以行動爭取重度自閉症兒子在普通班內融合受教，從幼稚園到國小、國中乃至於高職，都和一般學生在一起。她的想法是：只要讓自閉症兒子「快樂學習」就好。她為兒子營造良好的人際關係，讓兒子雖是自閉症卻有不錯的同儕互動，同時也培養兒子能夠「獨處」且自得其樂。

一個人能獨處，是很重要的心智活動。試想我們的一生中，有多少時間需要獨處？或許有人會說，自閉症孩子的問題就是經常處於「獨處」狀態，然而普安師姐讓兒子獨處時有正常的消遣，例如聽音樂、塗鴉、看雜誌、上網搜尋資料等，所以她兒子沒有自傷行為，也沒有情緒不穩的狀況。她的主張和堅持令我非常敬佩，也因此每隔一陣子我總會去她的小店走走，增強自己這樣的信念，因為她的自信與豁達，正是我所需要的能量。

歡喜弘法，廣結善緣

去年五月初，我像往常那樣路過普安師姐的小店，順道進去和她小聊一下。我看見她的小店供奉著佛龕佛像，於是很自然地談起佛教和年輕時接觸道場的往事；後來幾次經過她的小店時，更見識到她對宣揚佛法的能言善道，讓小小的店發光發亮！「人滿為患」是我對她小店的戲稱，因為只要擠進三人就覺得無轉身餘地的小店面，卻是讓人可以宣洩低迷情緒的地方，也是分享普安師姐心中喜悅的佛法渡場。我說：「普安，妳這裡是『福德坑』——很大的福田喔！」她呵呵笑，笑得開朗又燦爛。

除了同修在普安師姐那一．五坪的小店裡，歡喜發心親近佛法外，有幾位老家長沒事也窩在那裡，看她修補客人衣服和聽佛樂，或對她吐苦水得到安慰。她用一針一線細細縫織，除了賺來有形的錢財，無形中也賺得無數真誠的人心。正因為捨得犧牲時間陪伴他人，捨得幫人擺渡內心的迷茫，讓普安師姐一．五坪的小店，成為她結人緣和法緣的福地。

今年整個暑假，我沒看到普安師姐的兒子來店裡，也知道她不用每天中午趕去

學校送午餐給兒子吃，我對她說：「妳真好命，也跟著放暑假啦！兒子一個人在家嗎？」她總是呵呵地笑，一切不以為意。

普安師姐晚婚，四十歲才生兒子。第一次看到他們母子時，那孩子才三歲半，我還以為普安師姐帶著孫子，就連她自己也說，經常有人誤以為他們是祖孫二人組。她和我有類似的狀況，都是為了孩子遷居花蓮，雖然丈夫沒辦法一起來花蓮生活，但是為了給孩子比較寬敞的生活環境，我們都選擇到花蓮落腳。

理性達觀，面對一切

兒子兩歲多時，普安師姐帶他去台北市兩家大醫院做發展評估，醫師都說孩子疑似「自閉症」。遷居花蓮後，她又帶兒子去給郭煌宗醫師診斷，結果郭醫師確定的說：「孩子是中重度自閉症。」當時，普安師姐的孩子滿三歲了。

一如所有的母親那樣，普安師姐當場哭了。經過三位專業醫師的診斷，都是同樣的障礙類型，她的夢想因此幻滅，但理性告訴她這孩子要特別用心和費心，於是她毅然加入當時國內「早期療育成效試辦計畫」【註一】，這個計畫的東區負責人就是郭煌宗醫師。也正是那一年，我認識了普安師姐母子和郭醫師。

一晃眼，已經過了十六年。這十六年來，我目睹了普安師姐的成長與聰慧，更從她身上學到許多可貴的經驗。如今她的兒子已就讀高農二年級，過完暑假就升高三。我問這個孩子：「你畢業以後要做什麼呢？」

「去黎明。」他總是肯定又機械式地這麼回答。

「黎明」是一所教養院，設有十八歲以上身心障礙者的庇護作業訓練場域，例如大樓打掃、洗車、洗衣、園藝與二手衣物的整理等操作性學習。今年暑假，普安師姐的兒子到黎明實習，體驗洗衣坊的摺衣服工作，但並不順利，主因是自閉症孩子對於新技能不易「類化」，需要輔導員一步步指導和帶領。普安師姐也不以此而苦惱，一枝草一點露，她說：「我兒子高農畢業後，如果沒有地方可以去，就到慈濟資源回收站當志工，那裡有很多師姑、師伯會陪他、教導他。」普安師姐總是很達觀，一副兵來將擋的模樣。

九月開學後，她兒子去慈濟資源回收站實習，但不到一週的時間也被「退貨」，然而，普安師姐還是一派輕鬆地對我說：「我們自閉症的孩子就是需要一個

大人在旁邊協助，否則面對工作現場，他不是不知所措，就是焦慮地走來走去、碎碎念。資源回收站裡大家都很忙，沒人有時間一步步指導他做資源分類。」

「那怎麼辦呢？學校老師不能陪嗎？」我關心地問。

「老師一個人要巡迴看十五位學生，哪有時間和力氣只關照我兒子？所以老師讓他來我店裡實習，每週三次下午的時段，他就來店裡混混。」

「這樣的實習不踏實，除非讓他真的有事情做。」我說。

「沒問題的。在這裡，我讓他招呼客人、自我控制情緒和與人應對，這樣也是很實際的學習。」

普安師姐仍以開朗、正向的口吻回答我，頓時讓我啞口無言。她對孩子全然接受的這份氣度，最讓我欽佩。

用技巧跟孩子比賽

回想幾年前，普安師姐的兒子念小學時，她只希望孩子快快樂樂去上學，每天無憂無慮，如果兒子長大沒學校可念，就讓他去醫院當志工，因為她認為，兒子這一生受到很多人的關愛，長大後當志工回報社會也很好。她沒有一般家長的憂慮和迷茫，總是一副老神在在的樣子，即使今年夏天孩子到機構實習被「退貨」，她還是一派樂觀篤定。我好奇地問她：「妳這種凡事有主張，見招拆招的生活態度是如何做到的？難道十幾年來，孩子都沒有把妳考倒過嗎？」

「就像妳看過的，我兒子小時候不會講話，不順他的意就哭，勉強他或生起氣來就撞頭，但我不想看他總是一直這樣。我帶他到復健中心做語言治療時，看見治療師用增強和剝奪的技巧，於是我就學她們，我兒子愛喝麥香紅茶，我就用這個當增強物，果然有效。從那之後，我就用技巧和他比賽，看誰比較堅持。」

記憶裡，她的兒子到四、五歲大，才開始有自主性語言，而且需要大人的暗示或提示，才能講出較豐富或意思完整的一句話。但現在的他不但能說話，還學會「狗腿」，只要看到媽媽的女性朋友，就會主動問對方的身世背景，例如：「妳叫什麼名字？生肖屬什麼？喜歡汽車雜誌嗎？……」被詢問的人總會覺得這孩子真有趣。

此外，她兒子還會對人家講恭維的話，例如：「美蓮阿姨妳是大美女，妳是好

人，喜歡妳！」而被稱讚的人也總是驚喜地呵呵笑，並且立即回饋他一連串的讚美或隨手送個小禮物。這樣的增強與互動，讓普安師姐的兒子懂得嘴巴甜的好處。

用孩子的感官面對世界

其實，這一路走來，普安師姐教養兒子並不輕鬆，她付出的心力我都看在眼裡。一個中重度自閉症孩子，若在年幼階段不調整他的固著性及誘發潛能，一旦僵化的習慣養成，要調整到另一個模式就需要耗費數倍的力氣。我問普安師姐，她有哪些撇步，讓兒子乖乖就範？

「父母要與孩子同心，用孩子的感官和能力去面對生活與世界，而不是父母自己想要的那個狀態，這才是接納孩子。」普安師姐講話時，常是一副專家的口吻。

我又故意激她：「可是我記得妳說過，是要讓孩子來適應家庭作息，而不是父母和家人去適應和遷就這個孩子，不是嗎？」

「對呀，父母要以身作則，生活要有規律，凡事要預先跟這個自閉症的孩子說明我們接下來要做什麼，讓他心裡有個譜，讓他跟上我們的生活節奏，而不是被這孩子的情緒牽著走。」

「不過，一般有自閉兒的家庭，經常被孩子合併的情緒問題弄得筋疲力盡，再加上孩子難溝通，這種事真是讓父母氣急敗壞！難道，妳都沒遇過這種情形？」

「當然有。我兒子讀國小時，每天晚上他總是拖拖拉拉不肯寫功課，我逼他、罵他都沒用。只不過幾行字，就從晚上七點耗到十一點，那段日子真是昏天暗地，經常是他氣得大哭，我也火大到不行！」聽完之後，我才知道，原來，普安師姐也走過這樣必經的歷程。

但是，在看到語言治療師和職能治療師用描圖寫字、套圈圈遊戲與麥香紅茶等增強物後，聰慧的普安師姐也學治療師那一套技巧和孩子玩「交換」：亦即每天孩子寫完一行字，或完成某項指令，就給他喜歡的增強物；若沒達成任務就不給，而且堅持不給！久而久之，孩子知道媽媽說到做到，既然完成任務後便能得到獎賞，自然開始樂於和媽媽合作。

自閉兒的父母在教養孩子時的辛苦與無力感，一般家長很難體會。當孩子卡在

情緒上，或拗在那裡不肯配合時，即便家長急得跳腳、好說歹說、威脅利誘，仍是一點辦法也沒有。

普安師姐的兒子讀小學一年級時，才學會自己如廁，可是他不會自己擦屁股，解好大便後不敢站起來，就坐在馬桶上等媽媽下指令或協助。不過，那陣子普安師姐在做小吃生意，每天傍晚客人正多，一個人身兼廚師和跑堂，於是便經常發生普安師姐在樓下忙著應付客人已經分身乏術了，偏偏兒子在二樓蹲馬桶，解便完卻不見媽媽來，他就死命哭喊叫媽媽的狀況。那段日子，普安師姐真是辛苦呀。

精進學習，進入孩子的心

不論國內外，自閉兒家長總有一肚子委屈，以及一堆哭笑不得的故事可講，旁人聽起來只覺得好氣又好笑。我問普安師姐，她是怎樣熬過來的？

「家長不能急，遇到孩子卡住或鬧情緒時，要先自己沉住氣。『轉念』很重要，念轉了，心才能開。像我兒子遇到挫折時，他會焦慮地走來走去、碎碎念，妳根本不能生他的氣，反而要穩住情緒去關心他、引導他說出來，什麼事讓他心煩氣躁？許多時候，他講的事很片段，還得要細心地幫他連貫過去的經驗，引導他組合出意思完整的一句話，再問他：『是不是這樣？』這過程就像在幫收音機調整電台的頻道，家長不能急，但是要精進，要精進學習如何進入孩子的心，而不是著急孩子學不會。父母應該著急自己沒有教養技巧，而不是著急孩子跟不上別人。」普安師姐每次講話，都讓我這個所謂「專業人士」相形見絀，並感到由衷地敬佩。

從去年起，普安師姐經常週五晚上深夜才回家，或者例假日外出，只留兒子和女兒在家。有好幾次，我關心地問她：「妳這樣做沒關係嗎？孩子可以自己生活自理，完全不用妳操心嗎？」

「沒關係！即便只有兒子一個人在家，我也不用擔心了。他會上網聽歌，看汽車雜誌，也會打手機跟同學聊天。至於吃飯，我會交代他可以吃哪些準備好的食物，他都可以自己來。」

「那麼厲害！妳是怎麼訓練的？」我常故意從她那裡挖經驗。

「從他讀國小開始，我就想到這孩子除了上學時有同學作伴，他需要『獨處』的時間還是很長，所以我就讓他學塗鴉、買耳機讓他聽歌練唱，然後他愛看汽車雜

誌，現在又看得懂字，我就買一些過期的雜誌讓他翻。晚上或假日他在家很自在，真有事情的時候，也會打手機給我。總之，我覺得孩子長大了，我是需要關心他，但不用掛心他。我覺得我們做父母的，也要有自己的興趣和生活空間。」

順其自然，面對雙老

聽普安師姐講話，我只有點頭和微笑的份。她總是不疾不徐地表達主張，也總是放下手中的針線，坐下來泡一杯功夫茶遞給你喝。無論是誰進入她的小店，都可以獲得誠意茶一杯，外加生命淬鍊出來的睿智話語，深入淺出又老神在在地輕鬆道出可貴的人生哲學。

身心障礙者的家長，能像她這樣悠哉生活的恐怕不多吧？我故意問她：「難道妳不擔心老了或先走了，孩子怎麼辦？」

「雙老」【註二】是當今家長間最火熱的議題，但她依然平靜地說：「養孩子不僅要養他的身，更要養他的心。我們會老，孩子會長大，他未來的人生要靠自己，學會有意思的『獨處』要從小培養。關於雙老的事，我現在不擔心，以後可能也不用擔心。來，先喝一杯茶解渴吧。」自在、順其自然，已經是普安師姐的調性了。

我們這樣的平凡百姓，日出日落地幹活，這些瑣瑣碎碎的生活點滴，只要能有個朋友真誠地聽、不疾不徐地回應，讓我們心平氣和下來，讓我們感受到小小一隅也能繚繞著茶香與溫馨，這樣的生活不就是「普安」了嗎？普羅眾生安身立命的歇腳處。

我想，不論是一般孩子的父母，還是身心障礙者的家長，自在與安心，都要從自己心裡深處逐步安頓吧。

【註一】「早期療育成效試辦計畫」是內政部於一九九四年，委託中華民國智障者家長總會於北中南東四區，試辦發展遲緩兒童早期療育成效，以做為政策參考的實驗計畫。花蓮是東區的試辦縣，由郭煌宗醫師和梁忠詔醫師的專業團隊，以「院外模式」進行一年的早期療育介入，我在一九九五年擔任此試辦計畫成效問卷的訪問員。

【註二】

「雙老議題」是中華民國智障者家長總會於二〇一〇年起，積極倡議和關心的議題。許多有三十五歲以上的心智障礙者的家庭，父母早已年邁，但總是放不下這些憨兒，而心智障礙成人的生活也處處仰賴年老雙親的照顧。這些家庭面臨「照顧者年老體衰、受照顧者逐漸老化」的困境及需求，家長的牽掛和處境不應只是個別家庭的責任與負擔，「智總」因而倡議政府應該有具體配套措施。

02 挑戰老天的檳榔攤碩士

二〇一一年仲夏某日，和我熟識的阿通哥突然來到辦公室。樓下同仁通知我，阿通哥送西瓜來給大家吃，我立刻放下工作，下樓和他打招呼。數月不見，阿通哥看起來似乎比之前更乾瘦，白頭髮也變更多了。

一見到阿通哥，我就說：「你真是太客氣了，這麼有心，老是買水果來給大家吃！人來就好，不要這麼客氣，我們是厤吉，不用這麼見外啦。」我心疼阿通哥賺錢辛苦，不希望他三不五時就破費買水果給我們吃。

「天氣熱，來看看妳，順便帶個伴手而已。」他總是這樣貼心。

非常時期的考驗

我請阿通哥坐下，關心地問：「淑真的化療做得怎麼樣了？她還好嗎？小原呢？是姊姊在照顧嗎？」

淑真是阿通哥的妻子，五月底被診斷出罹患大腸癌後，便立即住院開刀；而重度腦性麻痺的小原是他兒子，幸好阿通哥的女兒六月底開始放暑假，可以照顧弟弟。

「化療還在做，而且身體很虛弱，需要好好休養；還好兒子放暑假，有姊姊在家陪他。前一陣子，我去做健康檢查，結果醫生警告我，要小心猛爆性肝炎……最近我好累，很怕萬一我這個支撐家裡的大柱子也突然倒下，這個家該怎麼辦？我不能倒！所以我打算九月開學後辦休學一年，好好陪家人，也讓自己的身體休息一下。」

阿通哥和我交情深厚，所以我們的對話就像家人一般。

「你這麼做就對了！現在是非常時期，念書什麼時候都可以開始，唯獨淑真的病要和時間賽跑，你一定要用心好好照顧她。」我以老大姊的口氣慎重說道。

「我知道自己的處境……想到六月底趕期末報告的時候，忙到昏天暗地的樣子，現在想起來還是讓我直冒冷汗。」

他說話時，頭上白髮晃動，可想而知他白天送檳榔外，還得趕去學校上課，晚上一邊看店，一邊準備學校的報告有多辛苦，偏偏五月底太太又被診斷出罹患大腸癌……阿通家有失智老母和腦性麻痺的兒子要照顧，自己又得半工半讀，這種日子豈是「辛苦」兩字足以形容？

認識阿通哥至今已有十六年，我總認為，他這一生似乎注定要接受老天爺不斷拋出的挑戰！因為上天給他的功課既震撼又難搞，彷彿把所有的難題都丟給他。

初識阿通哥

我們結識於一九九八年「早療家長ＤＩＹ課程」，那天的場景我仍清晰記得：第一場相見歡課程有七、八位家長來捧場，阿通哥是唯一的父親，而且只有他一個人帶紙筆，一邊聽課一邊認真做筆記。連續兩個月的課程，他的出席率有八成，每次上課都很專注，偶爾還會發問。只要阿通哥來上課，他那年輕漂亮的太太也會一

起來旁聽。

有一次，我遇見阿通哥帶著妻兒走在街上，他讓兩歲多、腦性麻痺的兒子坐在肩上，父子倆像七爺八爺出巡般自在得意，妻子淑真則跟在身旁。阿通哥比淑真大十七歲，不知情的人可能會以為他們是父女，因為淑真的確很年輕。我們越來越熟之後，阿通哥自然地提及自己的過往。

搬到花蓮之前，他是台北市一家連鎖美髮公司的老闆，事業頗為成功，但婚姻觸礁。離婚後，阿通哥愛上了二十出頭的女職員，也就是現在這位美麗的妻子。由於兩人背景懸殊，所以女方家人大力反對，他們的婚姻不被祝福。公證結婚後，阿通哥陪妻子回娘家時當場被打，可是他向岳父母保證，會一輩子真心疼愛淑真，請兩位老人家原諒、包容。

婚後第二年，淑真懷孕了。產檢時一切正常，卻在即將臨盆時才發現胎位不正，更糟的是淑真的子宮也有問題！偏偏深夜中，私人婦產科診所院長延誤轉診時機，導致淑真的子宮破裂大出血，後來轉診至署立醫院大力搶救，阿通哥甚至向軍隊求援，由整連阿兵哥捐血給妻子，淑真才得以保命。然而處理好產婦的部分後，卻發現嬰兒臉色發疳，應是生產時缺氧造成，於是又立刻轉診教學醫院搶救……當我閉目想到那些場景，實在令人揪心！當時如熱鍋上螞蟻的焦急心情和慌亂，任誰都難以安然自在吧？

磨難的開始

那場磨難發生時，阿通哥向上天祈求：務必讓妻兒都能活下來！只要妻兒平安，他願意用一生來補償。老天爺應許了阿通哥，妻兒經過治療後都順利出院了，可是淑真的子宮被摘除，從此再也無法生育，兒子則成為極重度腦性痲痺兒。

坦白說，這樣血淋淋的故事，誰聽了都會心跳加速，並不假思索地告訴阿通哥：「你要告那位醫師！是他的疏忽，這是很明顯的醫療過失！」

「很多親友都這樣跟我說，我也曾經生氣、對醫生充滿憤怒，可是我冷靜後想到，老天爺答應我，沒有奪走我的太太和孩子，雖然他們都有殘缺，但我們一家人還能生活在一起，這樣就好了……即使我能對醫師提告，但不一定可以打贏官司。打官司是為了得到賠償金，可是這過程要耗費多少能量？這樣做是否明智呢？我的

處境已不容許我再花力氣去打官司，所以我選擇接納一切。」

阿通哥這一席話經常在我腦中盤旋，雖然他的外表極為平凡，頭腦和心思卻極其清朗。二〇一〇年大年初二，我舉杯向阿通哥恭喜他推甄上國立大學輔具研究所，同時還提高嗓門說：「你們家出兩位特教碩士了，一位是女兒，一位是爸爸，父女同校同系，實在神奇又值得慶賀呀！」

那一刻，阿通哥敬重地對我說：「美瑗，這一切要謝謝妳的牽成和我當初的決定。如果十四年前，我選擇控告醫院疏失造成我兒子腦痲，就算告贏了又怎樣？何況也有可能贏不了又惹來一身怨恨。如果事情變成那樣，我想我不可能獲得今天這麼多的祝福和美好！當初我太太生產血崩急救時，我祈求老天爺讓他們母子平安，之後他們真的都活下來了，老天爺沒有辜負我，我才有機會認識你們並擁有這十幾年的豐富人生。我想，這都是因為我用正向態度面對人生，今天老天爺才送我這些禮物吧？我很感謝。」

這位胸襟豁達的男人，可以為了承諾要給妻子幸福，而選擇離開是非之地台北，放下如日中天的事業，來到花蓮重新開始他的第二春。為了兒子要做復健，阿通哥選擇以配送檳榔和檳榔攤為業，只因這是不受老闆約束的「自由業」，加上做中盤商收入比較好，所以他不卑不亢經營這不被多數人尊重的行業。阿通哥肩負奉養一對重病的父母、與前妻生的女兒、再婚後生下的腦麻兒子和外傭的責任，他曾經苦笑著對我說：「家裡有七個人，卻擁有三本殘障手冊，這樣沉重的負擔，沒有多少男人能輕鬆扛起吧？」

苦難中仍不失幽默

每次見到阿通哥，他總是精神抖擻、嗓門很大又非常幽默，和他比較熟的人都知道他很愛說笑，而且他的笑話總會帶有一些「顏色」，有時笑話太黃，我會故意裝聽不懂，可是實在太好笑，還是會忍不住哈哈大笑！有幾次，他代表家長跟我們一起擔任特教考核，為了讓大家提神，阿通哥在車上講了許多有點黃又不太黃的笑話，讓全車的委員笑到不行，當中有幾位還是教授和官員呢。事後我提醒他要收斂一點，但他認真地對我說：「我的笑話沒有影射某人或很不雅吧？聽懂的人才會笑，笑一笑又無傷大雅，大家精神好一點，工作起來有效率，這才是笑話的價

值。」

我沒有記住阿通哥說過的任何一則笑話，但就是知道他很會利用講笑話讓一群陌生人立刻活絡起來！阿通哥常說他非常敬佩我，覺得我樣樣行，我總是回答他：「光是講笑話我就絕對輸你了！而且你這項絕活，我這輩子絕對不可能超越。」

在許多演講的場合中，我常會引用阿通哥說過的話和他的故事，他非但不介意，還感謝我推薦他跟其他家長現身說法。這幾年他努力向學，半工半讀取得大專學歷後，我推薦他擔任教育局特殊教育學生鑑定及就學輔導委員會（簡稱鑑輔會）家長代表。我們是惺惺相惜的患難之交，我四十歲才讀大學社工系，年近半百時才讀研究所，阿通哥告訴我：「妳是我的榜樣，也是我的偶像。」

DIY高手上學去

大約八年前，阿通哥兒子的輪椅需要改造，卻因找不到專家，不得不自己動手DIY。做好兒子的特製輪椅後，他推著兒子逢人就得意地說：「這是我兒子的賓士汽車，絕無僅有的自創品牌喔。」

阿通哥也曾看到其他家長因輔具找不到替換零件，使得孩子沒有輔具可用，遇到這樣的情形，他會主動幫忙想辦法克服。後來，他決定到高工夜間部讀車床相關科系，白天他依然忙碌地送檳榔和接送兒子做復健，晚上則到高工讀書，三年後以全校第二名畢業。接著，他去讀三專夜間部，也是一樣認真，既是班上的老大哥也是同學的好榜樣，許多老師都被他的精神感動，當阿通哥以全校第五名的成績畢業時，更獲得大家的熱烈掌聲！

阿通哥休息一年後，看見我老當益壯讀碩士班，於是他也繼續讀二技，還說我是他的競爭對象。當時，阿通哥出現嚴重眩暈的症狀，好幾次不明原因的眩暈差點要了他的命，同時那一陣子，他們全家人的健康也都出問題了：兒子的癲癇越來越嚴重，服藥量大到讓孩子整天呆滯；住在「長照中心」的父親病危、往生；他自己則三不五時眩暈發作，讓車子差點失控衝撞……

我認為阿通哥的狀況，是長期過勞所致，但是除了心疼，我能做的只有轉介他們去台東，找樂醫師重新為他兒子調配藥量，還有勸他休學，先把身體穩定下來，才有將來……但阿通哥還是咬緊牙根地熬過來。

這應該是阿通哥人生中的第二個難關，幸好老天爺幫忙，他的女兒大學畢業了，可以一邊上班、一邊在家幫忙照顧腦麻的弟弟；同時他美麗的妻子也練就一身好功夫，學會開車和開店，真是時勢造英雄啊。

一個檳榔攤，兩個碩士

在那之後，原本我以為阿通哥可以喘口氣，沒想到他又把自己推向另一個考驗！二〇〇九年，他的女兒考上特教輔具研究所，讓阿通哥覺得自己也可以再深造。或許他這些年也讀出興趣來，所以將歷年輔具實作經驗和漂亮的成績單，加上幾位教授的推薦函，把自己推向國立大學特教輔具研究所。

二〇一〇年，大年初二的聚會上他舉杯祝賀我：「我靠這個檳榔攤養活一家人，也靠這個攤子養出兩個碩士，我自己覺得很安慰！這都要感謝妳的牽成和老天爺……」

當下，我的感觸比任何人都深刻。「誰能跟你比？有誰能像你這樣出色？除了阿通，台灣沒有第二人了！」

這是我的真心話。試想有多少人，能一邊開車送檳榔，一邊聽教授演講和背英文例句？一份二十天才能看完的英文文獻，他竟能縮短到五天就看完！誰又有他的度量，不論熟識與否，只要有朋友到花蓮旅遊，就自告奮勇包辦食宿和交通？誰又能像他那樣坦然分享自己的人生故事，時時公開讚美妻子的美麗與賢慧，讓人看見他們鶼鰈情深……種種一切，我只能叫他第一名！

其實阿通哥已經是社會大學博士班的高材生了，但他仍願意挑戰自我極限，謙虛進入學院高牆，接受與我一樣的淬鍊與折磨。因此我語重心長地說：「恭喜你，但也等著看你再次受苦！」

半百人生的嚴酷考驗

受苦後，必然會再次開出絢麗的花朵，然而眼前，老天爺再次對阿通哥設下考驗。今年五月，我們協會推薦他的妻子角逐並獲選為「全國十大傑出愛心媽媽」，才剛接受總統和大家的道賀，苦盡甘來的喜悅還未嘗夠，淑真就被診斷出得了大腸癌。

在妻子住院開刀期間，阿通哥正面臨碩士班期末考和交報告的期限。他白天送貨、趕著上課和寫報告，晚上到醫院陪淑真，女兒因去年轉到外縣讀碩士班不在家，所有事情只能由阿通哥一肩挑起，幸好有外傭與岳母照顧兒子，不然教他一個人如何應付這許多事？

我常聽到身心障礙者的家庭一有突發事件，孩子的主要照顧者便分身乏術，既無法專心照顧孩子又不能凡事面面俱到；面臨這種窘境的通常是媽媽，但在阿通哥家中，卻是由他扮演蠟燭兩頭燒的角色，實在非常不容易。我常想到阿通哥的處境：他這半百人生中，不斷接到來自上天的戰帖，而他也勇敢迎戰一切考驗！這等氣魄和阿通哥的平凡外表很不相襯，但內在的堅毅與智慧卻讓他得以從容面對。

加油吧！兄弟！我們再乾一杯！

03 永不休止的生命樂章

近年來，自閉症的孩子是特教界或早期療育領域中人數增加最多的一群，也不知道為什麼會突然出現那麼多自閉兒？

幼兒期的自閉症孩子，幾乎都長得白淨可愛，能走、能跑、會自己吃飯，也會看電視，大部分家人都覺得這孩子只是比較安靜、不多話，特別是祖父母更會這麼認為。除了語言障礙或語言遲緩，自閉症孩子也必然有某些行為特質，例如固執性、反覆性、窄化的遊戲與生活內涵，有些還合併過動行為。

到了兩、三歲，有些自閉傾向的小孩只會像鸚鵡般模仿別人說話，或者無法講出一句完整的話語，因此遇到需要溝通時，不會表達的他們便會出現情緒和問題行為。自閉兒固執、鬧脾氣的行為，通常讓家長備受困擾，有些父母或長輩可以無限

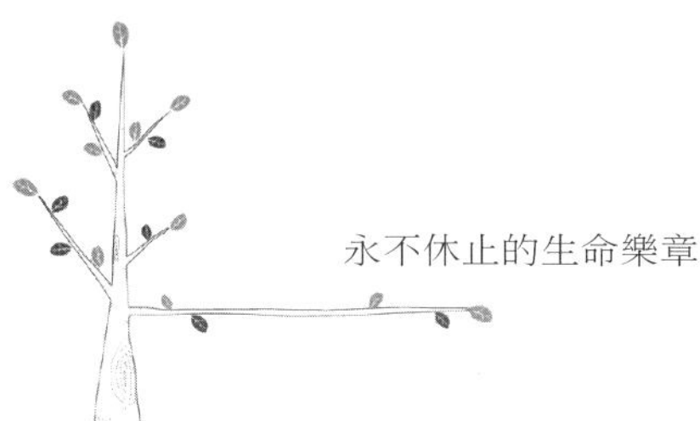

容忍，有些人則抱持「長大就會改善」的心態，但這根本是自欺欺人，如果家長沒有早期發現、早期介入，這些狀況可能會拖到孩子三、四歲進入幼稚園後，才被老師發現異常。

經過醫院的評估和診斷後，不少孩子確診有自閉症傾向，有些醫師會特意使用「高功能」這個詞彙安慰家長，表示該名兒童的自閉傾向並不嚴重。當然，有些孩子的智能與理解能力都不差，說他們是「高功能」也說得過去，但許多家長一聽到子女是「高功能自閉症」，就會聯想到「雨人」那部電影，以為自己的孩子也有某項特異能力，可以成為數學天才、畫圖高手或是音樂界的貝多芬，但根據文獻記載，其實高功能自閉症孩子所占比例不高，輕中度反而更加普遍。

沉默的鋼琴王子

雖然自閉症孩子未必具有傑出天賦，但接下來提到的這個孩子，確實具有優秀的音樂天分。我已不記得是哪年哪日，我在一個電視節目中看到了這個男孩，讓我印象深刻的是畫面中男孩沉默無言的表情，他的母親雖然滔滔不絕地說著男孩的成長歷程，但她一臉嚴肅，即便談及兒子傑出的音樂表現也仍然沒有笑容。主持人有時刻意問男孩問題，但不等男孩回應，媽媽就主動替他回答問題。

當時我心裡納悶，這位長得帥氣斯文的「鋼琴王子」，為何從頭到尾沒開過口？他只是靜默的聽，偶爾抬頭東張西望，讓我懷疑他到底會不會說話。

直到四年前的某個機緣，我認識了這位李媽媽，但也僅止於在電話裡互相寒暄，即使偶爾互通電子郵件，也多半是為了替這男孩宣傳音樂會的消息。李媽媽希望我蒞臨捧場，但我一直沒有機會親自前去，只能寄上祝福和幫男孩加油。

這位具有音樂天賦的自閉症少年，名叫李尚軒，在特殊教育界頗有名氣。這些年來，我看到許多自閉症孩子的家長像熱鍋上的螞蟻，到處打聽高明的治療師或特教老師，希望加強補救孩子的能力，有些家境許可的父母甚至千方百計讓自閉症孩子學音樂、畫畫、跳舞、游泳或騎馬……總之，只要有人說哪件事對自閉症孩子有益處、哪裡有名師、哪裡有偏方，家長們便會盡力配合。倘若摘下天上的星星能醫治孩子的自閉症，我想這些父母也會想盡辦法為子女飛天摘星而毫無怨言吧？

二〇一一年七月，我去高雄時專程繞道屏東內埔鄉，拜訪這位久仰大名的自閉

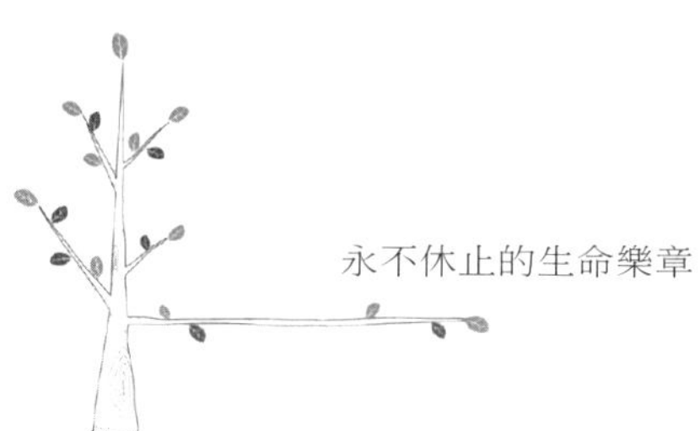

症鋼琴王子和他的母親。「如何培養一位自閉症孩子成為明星」是我關心與好奇的議題，同時也希望藉此與這位長期保持聯繫，卻未曾見面的李媽媽好好聊一聊。

李媽媽告訴我：「尚軒兩、三歲時，我就覺得他怪怪的，人家介紹我帶他去看兒童精神科，那個女醫師沒做檢查，只看了我的孩子幾眼，問我一些問題，叫我填一堆題目，然後就跟我說：『妳的孩子是自閉症！』當時真是氣死我了！沒檢查也沒拿藥，就只有這樣，還收我一千塊診療費。」

「哇，這醫師太強了！竟然在十五年前只叫妳填ＣＣＤＩ（學齡前兒童行為發展量表）和會談，就能確診孩子是自閉症，她真的很厲害！妳不覺得她這樣明講，省掉你們很多摸索的過程嗎？那麼後來，妳又如何開始讓孩子做療育和音樂訓練的？」我說的是真心話，但不知李媽媽聽完感受如何？

以毅力與堅持開拓的音樂之路

「一九八九年，高雄市開始有幾個地方替小孩做療育，但都要自費，施媽媽他們那個高雄市自閉症協會幫了我們很多忙。後來幼稚園老師發現我兒子的音樂天分，我也覺得尚軒真的很喜歡音樂，記樂譜很厲害，所以我們就一路栽培他，現在他不但鋼琴會彈，也學小提琴和打擊樂器，我們統統讓他學。」

「他學這些樂器，應該花了不少錢吧？」我好奇追問。

「那還用說！花在學音樂上的錢，堆起來大概比他人還高了！」李媽媽一副冷淡的表情，讓人猜不出她是難過還是豁出去了。

「這樣啊……你們真的為孩子付出很多，可是尚軒的表演和收入，和你們付出的差距很大吧？」我再怎麼對學音樂的費用一無所知，也猜得出兩者間的差距應該不小。

「是呀！許多演出機會，我們還得自己拿錢出來呢。」李媽媽洩氣地說。

「我好驚訝！我以為有『鋼琴王子』的封號，就能有不錯的收入。」

「唉，提到台灣的表演環境……有那麼多學音樂的人都在找演出機會，我們算什麼？而且帶尚軒出去表演，還要一或兩個人陪他、照顧他，車資、住宿費和一切開銷，經常是我們父母自己出錢，而且尚軒對陌生環境不容易適應，和人溝通也有困難，所以都是我們家長跟在身邊。」

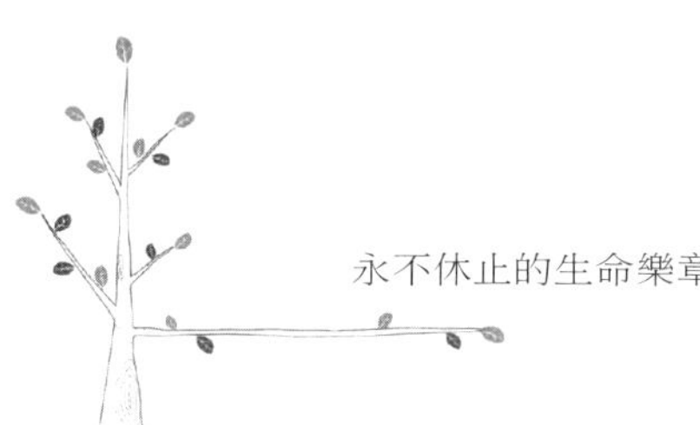

這的確是，雖然「王子」已經二十多歲了，許多能力還是像個小小孩。

「你們真辛苦！這一路走來想必吃了不少苦，也有許多不為人知的辛酸吧？」我看到李媽媽那堅毅卻難以開朗的臉上，有一抹認命的無奈。之後，她告訴我許多尚軒學琴和到屏科大上課的點點滴滴，我真心佩服他們夫妻為孩子如此用心付出。臨別前，我好奇地問：「最近這幾個月的週末，尚軒在高雄市文化中心廣場夜間的演出情況如何？」

「還可以啦，可是聽的人多，買CD的人少，會給獎賞的人也不多。」她淡然地說。

「台灣的觀眾對街頭藝人通常不太熱情，不論台北火車站、淡水漁人碼頭還是高雄市愛河邊，看街頭藝人音樂表演會給賞錢的人真的不多，這種情形我經常看到，所以請妳不要太失望啦。」我連忙安撫她，但也覺得這些例子有點在潑冷水。

「沒辦法，這樣的孩子就是要父母跟一輩子，為他無止盡地付出。不去想那些，日子才會好過一點。」李媽媽似乎幫自己找出了平衡點。

告別「鋼琴王子」一家人，那晚在回程的路上，我心情有些失落和悵然，因為

「鋼琴王子」並沒有富裕的家境和王子般的尊榮地位，但他擁有父母默默無悔的付出、省吃儉用幫他買樂器和繳學費的堅持。

文靜的過動兒

一個月後，我突然接到李媽媽的電子郵件，提到尚軒將於九月二十八日在花蓮特殊教育學校表演。這消息讓我喜出望外，希望能趁機邀請尚軒的爸媽來我們協會與家長座談，同時也熱情地邀約他們一家留下來讓我招待，希望藉著陪同旅遊時，多了解尚軒的成長過程和其父母的用心。

趁著尚軒要來花蓮表演的機會，我把李媽媽送的《五線譜上的星星：NG交響曲》那本書拿出來仔細閱讀。打開書頁，看到尚軒工整地寫著「謝謝您的鼓勵與支持」幾個字，我好感動。這是一個多麼聽話和善良的孩子呀！這二十幾年來，李媽媽到底花了多少心力？他們又是如何堅持，才能把一個原本過動又無法與人溝通的孩子，變成眼前這樣一位文靜的大帥哥？

尚軒三歲時被診斷為過動型自閉症，這讓我有點驚訝，因為成年的「鋼琴王

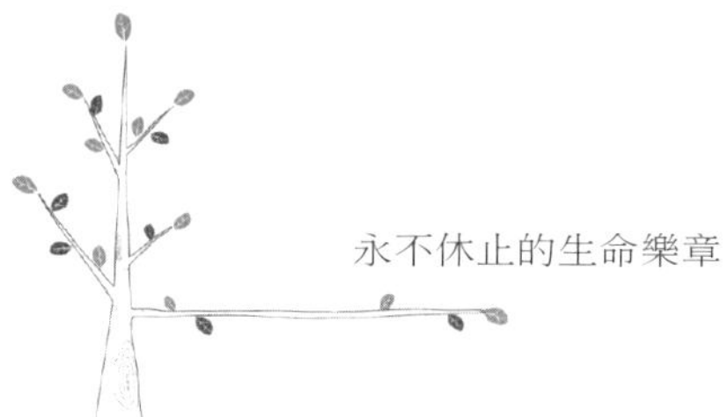

子」外表一切如常、行為穩重，很難想像他在幼年時是過動兒。我想起七月初次拜訪他們時，尚軒表現出的高度自制力。

那天我抵達時已是晚上七點半，李媽媽開車來接我，留尚軒一個人在家面對媽媽煮好的飯菜。見到我們，尚軒迫不及待希望馬上開飯，在媽媽的指令下，他很快地幫大家添好飯，然後對媽媽說「請吃飯」後，才端起碗安靜地開始吃。席間，我和李媽媽邊吃邊聊，同時注意到尚軒吃飯的規矩很好，也不挑食，吃完一碗飯後，媽媽說：「好了，尚軒不要再吃了。」只見他立刻放下碗筷，起身離開。當時我心裡很訝異，這個小王子竟然如此服從，真的很聽話。

在四歲八個月時，尚軒展開了「音樂伴我行」的人生，他被帶去找一位坐在輪椅上的鋼琴老師，她就是尚軒的音樂啟蒙者，也是訝異這個孩子具有「絕對音感」天賦的人。這位老師借給李家一部風琴，讓尚軒在家也能夠練習。

最初，李媽媽期待尚軒能藉由學鋼琴改善過動的行為，但這期待顯然落空，因為尚軒彈琴時需要大人監督，否則他會隨性亂按亂彈，自得其樂而哈哈大笑！李媽媽的個性比較嚴謹和堅持，因此她不會放任尚軒亂彈琴譜，不過她也說：「尚軒的音樂天分實在令我們驚訝！他可以雙手彈琴，眼睛卻盯著電視看，而且從頭到尾都不會彈錯，甚至只要是他聽過或喜歡的音樂，即使沒有樂譜他也能彈奏。」

離開幼稚園後的尚軒，在媽媽的努力爭取下，進入一所願意每週提供一節音樂課的學校，師資是科班出身的音樂老師，鐘點費由學校買單，尚軒在那裡度過了快樂的國小生涯。

國小四年級時，尚軒獲得「史坦巴哈全國身心障礙者鋼琴比賽」總冠軍，當時的鋼琴老師建議讓尚軒就讀國中音樂班，於是李媽媽下定決心讓尚軒朝音樂這條路繼續發展。為了讓孩子進國中音樂班，李媽媽帶尚軒接觸打擊樂。去朱宗慶打擊樂團的第一天，尚軒一看到木琴就能敲出曲子來，讓所有人驚訝連連！對此，李媽媽卻感慨地說：「尚軒有鋼琴基礎，音感好、節奏感強、視譜快，背誦能力也強，學起打擊樂來可說是得心應手。要不是尚軒的行為問題，或許他的音樂天分更能發揮。」

「尚軒在行為上，有什麼問題呢？」我問。

李媽媽說尚軒有過動的特質。小學時，尚軒加入高雄市自閉症協進會的「青少

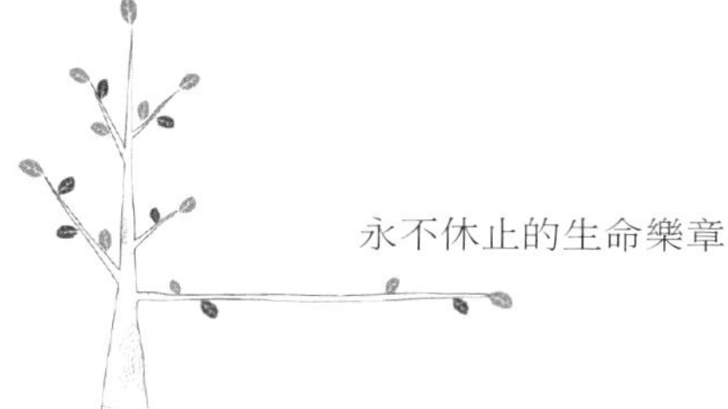

年打擊樂團」，每次上台表演，老師都要想辦法讓他安靜坐下來演奏，否則他就會亂跑或跑去彈電子琴，一邊彈一邊狂笑……這些難以克制的行為，當然會被制止。

又有一次，尚軒參加一項文化盃音樂大賽。李媽媽心想，這孩子參加過很多表演，台上的表現應該很穩定了，於是便沒有事先知會主辦單位。決賽時，比賽現場有計時，表演時間到就會按鈴，坐在台下的尚軒只要一聽到鈴聲就開始狂笑，李媽媽立刻制止或責備他。輪到尚軒上台表演時，他在台上邊彈琴邊忍住笑聲，還因為努力憋笑而全身不停顫抖，鈴聲一響，尚軒馬上站起來，但他下台走過評審老師們面前時，卻一邊回頭一邊笑，以致於其中一位評審誤以為尚軒態度囂張狂妄，氣到當場摔筆！這就是尚軒異於常人的行為特質。

國中階段，因考量尚軒的人際互動和未來發展，李媽媽讓他就讀國中普通班，然而不到一學期，就被通知尚軒要轉去某個學校的特教班，理由是他的行為會影響其他同學上課，不適合讀普通班。

李媽媽沒有消極地接受這樣的安排，她親自跑到學校問清楚，還拉著自閉症協會理事長一起向教育局積極爭取，可是最後仍徒勞無功，這令李媽媽對教育體制的僵化感到灰心。但是個性堅毅的她不輕易妥協，一再申訴和投書，經過一段時間的奔波與協調，學校終於同意尚軒留下來，還派一個實習老師教尚軒音樂，可是這位實習老師的琴藝不及尚軒，只好改教他中音直笛。

在這個階段，尚軒沒有放掉朱宗慶打擊樂團的課程，完全是拜他父母咬牙支付昂貴學費所賜，但長期下來，家中經濟變得非常吃力。李媽媽感慨地說：「尚軒有今天的成績，要感謝星星兒基金會和當年幫助我們度過難關的善心人士！」

奇妙的機緣——總統府音樂會

國中義務教育結束後，尚軒進入高雄楠梓特殊學校。二〇〇〇年，當時的陳水扁總統參加楠梓特殊學校畢業典禮時，張校長特別安排尚軒在典禮上演奏鋼琴，讓陳總統讚賞不已。隔年，李媽媽獲得「第九屆十大傑出愛心媽媽慈暉獎」，在總統府見到陳總統時，她不忘替尚軒爭取音樂教育的機會，陳總統也非常關心，並指示教育部妥善研議。二〇〇二年八月三十一日，總統府舉辦「發光的音符」慈善音樂會，這場音樂會是陳總統特別為他在民間結識際遇不凡、命運多舛的音樂愛好者所

舉辦的，尚軒也在受邀之列。

李媽媽一向輸人不輸陣，好勝和堅毅是我在她敘述的故事裡得到的印象。為了這場總統府的表演，她卯足全力，督促尚軒反覆練習，除了鋼琴，還讓尚軒練木琴，尚軒竟也配合地練到手起水泡、破皮、流血甚至長繭的地步。他們母子為了爭取最好的演出，做到連一般人都不容易做到的事，這樣努力真是值得喝采。

或許我們會猜想，尚軒一定非常享受獲獎或得到掌聲的感覺。李媽媽說：「這場總統府音樂會，第一個節目就是由尚軒表演，他以鋼琴獨奏曲風穩健的巴哈『義大利協奏曲』，再以四枝打擊棒和馬林巴木琴，敲擊出一首輕快有趣的『青蛙』。尚軒的演出很成功，獲得所有觀眾的讚賞。」

李媽媽為此欣喜不已，並且流下感動的淚水，直說這樣的榮耀是自己連作夢都不敢想的事！可是尚軒對這樣的殊榮好像沒感覺，依舊表情淡然。李媽媽只能苦笑著說：「或許尚軒要的，只是在樂音中享受釋放的快樂吧！」

我個人非常喜歡一張尚軒演奏會的大海報，那是二〇〇六年五月二十五日在高雄市文化中心音樂廳舉辦「心窗樂動．鋼琴、打擊樂獨奏會」的海報。這張海報的畫面是尚軒的側臉，不知道尚軒是自閉症者的人，一定會為他英俊的臉龐和天真無邪的表情傾倒。那場獨奏會，是尚軒經歷無數台下、台上訓練和磨練後的成果展，根據李媽媽說，那場演奏會是一場重要的關鍵，檢驗學校體制提供音樂資源給特殊生的成果，具有重要的檢視價值。

尚軒四歲多開始學琴，在接受義務教育期間，他以身心障礙特殊生得到的音樂資源，幾乎可說是乞討來的。為此李媽媽吃盡苦頭，她說這些年不是厚著臉皮求人教尚軒琴藝，就是四處打聽哪個學校有老師願意教自閉症孩子學音樂，她就替尚軒轉學。話說尚軒舉行「心窗樂動．鋼琴、打擊樂獨奏會」時，適逢他在楠梓特殊學校畢業前夕，在楠梓特殊學校求學期間，尚軒每週有四堂個別指導的音樂課程，校方還開了特例，讓他有部分時間到新莊高中音樂班旁聽音樂課。

學校提供的特殊待遇，讓尚軒於二〇〇五年參加日本第一屆國際帕洛林匹克鋼琴大賽（The 1st Piano Paralympic in Japan）時，獲得藝術賞和獎勵賞的好成績；後來他又受邀到紐約表演，二〇〇七年還和國家交響樂團（NSO）在國家音樂廳「發現不可能系列」音樂會上演出。因此李媽媽希望藉著音樂會感謝教育局、學校和幫助過他們的人，也希望尚軒能用音符為自己打開就業或大學之門。

果然，這場音樂會很成功，也感動了許多人，其中社會局長用心地為尚軒舉行協助他就業或讀大學的「專案會議」，並在尚軒畢業後，介紹他到兩家大飯店駐店演奏。

以音符打開大學之門

後來尚軒能進入國立屏東科技大學，則是特例的巧妙安排。當時，一位李姓記者在大學放榜前一天熱心地打電話給李媽媽，想追蹤尚軒的情況，李媽媽便把心中的期望告訴這位記者。隔天一大早，報紙上斗大的標題這麼寫著：「自閉症青年李尚軒無大學可『彈』！」這則新聞被教育部和總統府的人看到後，紛紛派人打電話表示關心，總統府還派公共事務處副主管專程南下協商，最後由教育部補助屏科大，以個案研究方式讓尚軒一圓大學之夢。

聽完李媽媽述說尚軒的音樂發現之旅和學習過程，我打從內心佩服她的毅力與堅持。如果在尚軒學琴或打擊樂過程不順遂時，她便放棄，就沒有今天的「鋼琴王子」，我們也沒有機會看見這位音樂瑰寶，在自閉症的孤獨世界裡，也將缺少一顆閃亮的星星，而許多自閉症家庭也將失去前進的動力。誠如李媽媽所言：「這一路走來非常艱辛，我們內心的煎熬和辛酸，真是一言難盡呀！」

二〇一一年九月二十八日，一個秋涼微雨的日子，我在花蓮特殊學校的「愛無限樂團」音樂會上，終於聽見尚軒的鋼琴獨奏。不論是選自理查克萊德曼鋼琴演奏曲中的「娜迪亞之歌」，還是歌手伍佰那熱情瀟灑的「你是我的花朵」，我們都被尚軒的琴藝深深感動。在兩首不到十分鐘的演奏裡，我親眼看見尚軒坐在鋼琴前那種「我最大」的自信及忘我的表情，更看到他彈奏「滑音」時興奮的模樣，短短一串從一到七的爬音，呈現出鋼琴王子對音符最原始的陶醉！從他那天真的表情看來，讓人確定尚軒就是活在自己音樂世界的王子。

音樂會一結束，尚軒一家便跟著其他人搭小巴士前往機場，準備趕赴下一場不確定是否有賞金的表演。匆匆地揮別他們母子，隱約中，音樂王子那永不休止的悠揚樂章，彷彿仍在耳邊迴響著……

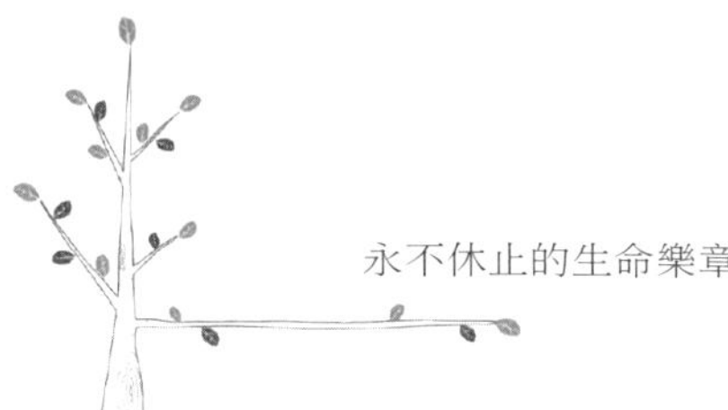

04 生活是場真實的硬仗

自閉症孩子的情緒問題，幾乎是特教界和早療專業夥伴共同的夢魇，連我也很怕遇到這些孩子「盧」起來的時候，所以每年都有不同的單位舉辦自閉症兒童、情緒障礙孩子的相關研習課程，大家不斷學習、向人請教各種因應技巧。

在孩子生氣起來打自己的頭、去撞牆或撞地板時，許多家長常因不捨與心疼而妥協，讓孩子從中學會當事情不順心，或想堅持某事物時，用這招自傷（self-injurious）就能得逞，而且自傷後的慘烈狀況，會讓身邊的大人或主要照顧者氣急敗壞到幾近抓狂。

人類自傷或自殘（seil-mutilation）的行為，從寶寶階段就可能出現，專家們對此的說法是：嬰幼兒想引起他人注意或達到自我刺激的滿足。只是孩子漸漸長大後，會越來越有自己的想法，成人想制止也越顯困難，因此專家建議培養孩子各方面的能力，包括溝通能力、自我控制能力、社會技能及休閒技能等，減少產生自傷行為的可能性。

智能障礙孩子出現自傷行為的狀況更為普遍、棘手，原因通常和他們的溝通能力有關，與家長的互動反應也有所關連。

慘烈的大混戰

我聽過最慘烈的自傷行為，來自一對住在離島的雙胞胎兄弟。這對兄弟白天在某家啟智中心上學，下午四點坐校車回家後由祖父母照顧，晚上再由下班返家的父母接手。有天，這對雙胞胎在啟智中心時，弟弟由於生氣鬧情緒，竟然使勁用手撞擊玻璃，霎時整片玻璃碎裂，割斷他的手腕動脈，血流如注！他又急又氣、嚎啕大哭，像極一頭發怒的黑熊。啟智中心動用四、五位教保老師極力安撫他並幫忙壓住血管，緊急送醫；到了醫院，那孩子見到醫護人員便又使盡吃奶的力氣想掙脫，只見他的手鮮血直流，情況十分危急，院方只好動員四名大漢強押住他，教保老師則

在一旁耐心安撫……

大家像打了一場硬仗般，好不容易才終於處理好這孩子的傷口，正想鬆一口氣的時候，這孩子冷不防地又開始瘋狂撕扯手上的點滴和紗布，傷口又開始血流不止，醫護人員和教保老師再度陷入一場混戰之中……那一晚，啟智中心主任敘述完整個過程後，我全身起雞皮疙瘩，彷彿自己就是處於那場混亂中的教保老師。

經過這次撞玻璃事件後，該中心立刻全部換上「安全玻璃」，避免事件重演。除了這個慘烈事件，這位主任還告訴我：「這個雙胞胎弟弟自傷時會打自己的頭和臉，而且每天都打，老師阻止他也沒用，甚至打到自己的眼睛出血了還繼續打，打到現在雙眼快失明了。他的哥哥也有類似的情形，這幾年在我們中心，他也會一直打自己的頭，先是哭嚎一兩聲，接著便用力打自己的頭，啪啦、啪啦兩大聲，每天都這樣，還曾經讓鄰居懷疑我們中心毒打孩子，甚至警告我們，要叫社會局來查明真相。」

這對雙胞胎兄弟的故事聽得我目瞪口呆！我問主任：「這對兄弟多大年紀了？他們的父母如何教養這兩個孩子呢？」

「這兩兄弟已經十七歲了，現在長得很高，他們的阿公和阿嬤也快帶不動了，所以父母很頭痛。」主任這麼回答。

由於沒見過家長，所以我不敢冒然評斷，但心裡卻有個聲音冒出來：「應該是他們的家人不會教養吧？要不然就是隔代教養寵出來的後果，不然怎麼會這麼誇張？」──一般人也會這麼想的吧。

主任見我若有所思，便對我說：「明天妳可以見到他們的父親，或許妳可以多和他聊聊，他的心裡一定有很多感受。上回我帶陳醫師去他家做到宅服務，陳醫師出來後跟我說：『我從事到宅療育這麼多年，從沒見過像他們家這樣有兩位重度自閉症的孩子，卻能維持那種祥和氣氛而且家裡乾乾淨淨，真是不簡單！』的確是這樣，他們夫妻都很和善，孩子白天在我們這裡，晚上由他們家人自己照顧，孩子在家肯定會鬧脾氣，但沒想到氣氛竟然能那麼平和。」

主任的語氣很平靜，但那一夜我竟然為這個故事而失眠。我心裡浮現一個聲音：「這過程到底出了什麼紕漏？這對父母是如何走過來的？他們的生活是怎樣一個面貌？明天見到那位父親時，我要跟他說什麼？我的猜測究竟是對是錯……」我

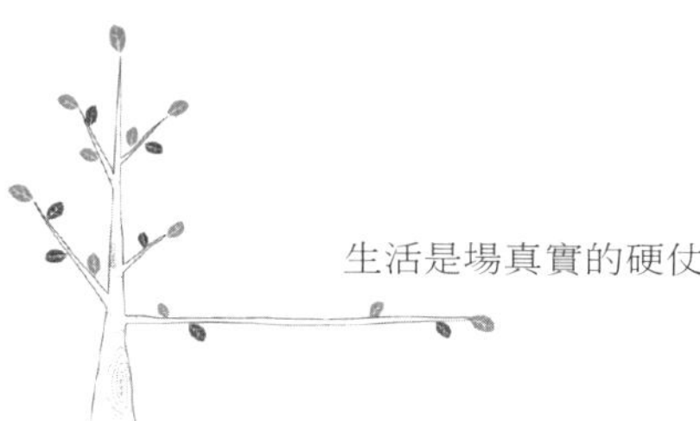

在腦海中反覆思考，即使未見故事中人，卻也對他印象深刻了。

開車繞圈圈的例行公事

隔天風和日麗，是個正值五月的週日上午，我興沖沖地準備好騎單車環海岸公路之旅的心情。剛加入車隊陣容，還在左顧右盼之際，主任就帶了一位中年男子到我面前：「這就是那對『雙胞胎兄弟』的爸爸，許子敬先生。」我立即熱忱地和他握手，他開心地笑著說：「我是妳的粉絲，這幾年都在看妳的部落格，我很想見妳，沒想到竟在這裡遇到妳。」

聽到這樣的開場白，我真是又驚喜又難為情。我打量著眼前這位單車騎士，他那溫和的口氣與忠厚的神情中，讓人一時難以聯想他有對自閉症孩子的生活處境。我愉快地邀請他同行，也想藉著邊騎車邊聊天的機會，解開心中的一些疑團。

騎不到十分鐘，我就等不及提問了：「許先生，我聽說過你孩子的事了，你們真是辛苦，家裡有兩個重度自閉症孩子的辛苦，絕不是一般人能體會的。我很想知道你們是怎麼走過來的？嗯，這樣說好了，如果生命可以重新來過，你會想要怎樣的生活？也就是說，一樣有這兩個孩子，但是你們會用什麼方式教養他們呢？」我心裡早有預設答案，所以故意這樣提問，想必對方也很意外我突然這麼問，支吾了半天也沒有明確答覆我。

我不便逼問，於是又說：「如果你現在不想講，或還沒想清楚也沒關係，等你想講時再跟我說。」接下來我們邊騎車邊談風景，希望讓氣氛不致於太掃興，而我也開始覺得自己方才有點太唐突了。大約騎了五十分鐘，一行人抵達休息站，也就是這幾年新蓋好的交通部觀光風景處導覽館。我們一起走進去，同時我好奇地問他關於這個地方的一些事，沒想到他卻這樣回答我：「美瑗姐，不瞞妳說，我都不清楚耶！因為我已經有十幾年沒來過這裡了，天天都在上班和下班後照顧孩子中度過。妳相信嗎？我最常做的事，就是載著兒子在住家附近繞圈圈。當我兒子發飆、鬧起脾氣的時候，我就開車載著他兜風，讓他的情緒緩和下來，有時候一個晚上要開兩、三百公里，但大部分都只在我們家附近繞。妳問我這裡的事，我還真的不清楚。」

他無奈但平靜地說著，聽完我當場傻眼，也不知該如何接話，只能在心裡納悶

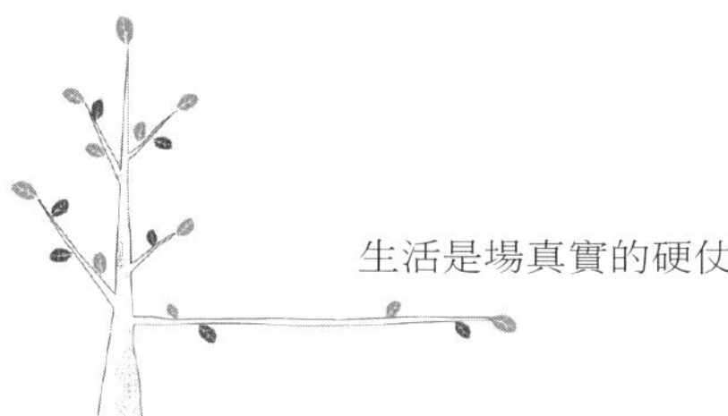

想著：哪有這樣的人？既然要開車兜風，為什麼只在家附近繞圈圈？別處的風景也很美呀！他是覺得只要孩子不鬧了，就能立刻回家休息？還是他自己也搞自閉？晚上黑漆漆的，有什麼風景好看？

但我又想到：下班回家後，還要為了安撫孩子而漫無目的地開車繞圈子，這種滋味想來實在讓人鼻酸……相較之下，能一起騎單車的時光真的很可貴，於是我打定主意，接下來隨便聊點輕鬆的話題就好，不再追著他問出答案了。就這樣，一路上我們有不錯的互動，所以道別時多了份依依不捨的情誼。

令人訝異的答案

回到花蓮後第三天，我突然接到他的電子郵件：「美瑷姐，我們一起騎單車那天，妳問我的問題讓我想了很久……現在我要跟妳說，如果一切可以重來，我依然不知所措。感謝我身邊有父母和弟弟、妹妹家人的支持，還有啟智中心老師的幫忙，否則我真不知該如何熬過來。」

看到信中「不知所措」四個字時，我的眼淚差點掉下來。我回了他一封長信，之後他把我寫的其中一段話又貼在給我的回信裡，並且用紫色標出，凸顯它的重要性。那一段話，我是這樣說的：「我覺得我們專業人員在許多部分沒有真的用對方法，引導家長去扮演能夠四兩撥千斤的父母，所以我們當家長的很辛苦、很無助！不過，這是可以經由過往的經驗來改善的，換句話說，在這個特教領域或醫療專業人員中，有些人確實對不起我們家長，但我們不希望這樣的不幸或令人氣餒的事，重演在另一個家庭或其他父母身上……」

當時我是以家長和專業人員的雙重身分、以自責的心情寫信給這位父親。在回信中，他寫著：「個人深有同感。往事歷歷，如在眼前，相信很多人在這條路上都受到許多煎熬和難解的苦！妳這段話，深藏我心久矣，我想在這個過程中，是否需要有改善的方法？我們又該如何切入呢？因為走不出來的人，他們內心的掙扎與矛盾只能用一言難盡來形容，若非身歷其境，如何感同身受？或許是『路過相同的路，苦過相同的苦』，秘書長您句句箴言，彷彿說出了大家的心聲。感謝您的支持與關懷，並期盼您早日出書，幫助這些還在茫然苦撐的身心障礙者家屬做好自我調適。」

看著許先生這封信，我的眼前出現了他那兩位自閉症孩子的身影，以及他的家庭影像。我不禁紅了眼眶、內心澎湃不已，顯然我最初預設的問題和答案是錯的，這豈只是家長心理調適或親職技能的問題？生活才是真實的硬仗，如何天天過關斬將、應付孩子的變化球，才是真功夫。

五月下旬的某天，碰巧路經他們家，主任便提議進去打個招呼。我想正好，可以趁機驗證陳醫師的說法——一個很祥和的家庭，到底是什麼模樣？

初見雙胞胎

那是一間屋齡三年，有著大庭院的獨棟兩層樓房，外觀大方，室內擺設簡潔，在鄉下地方算是很棒的新房子。那天許先生不在，家裡只有許太太和雙胞胎兄弟。我們進到屋內，跟著許太太走進廚房，看見那位已經失明的孩子正拿著一個不鏽鋼碗和湯匙靠近耳朵，刮出刺耳的卡拉、卡拉聲，一副自得其樂的模樣。許太太對我微微笑了一下，沒有說話。

主任一邊喊著雙胞胎哥哥的名字，一邊向房間走去。我跟了過去，只見一樓房間床上躺著一個人，大熱天還包裹著棉被。主任走過去掀開棉被並喊他的名字，他探頭出來看了主任一眼，但見到我這個陌生人，立刻又鑽進棉被裡，像鴕鳥般把自己遮掩起來，教人哭笑不得。

我們待了十幾分鐘，和許太太打聲招呼，主任把一些傳統粿留下來當伴手禮後，便匆匆趕著上路，然而剛才的情景卻像刀刻心版般，令人難忘。天哪！孩子這樣的狀況，換成是我也很難輕鬆過日子，許太太卻那麼平靜、優雅，不過，她的臉上也流露出認命與無奈的神韻。

九月初，我有機會再次拜訪許家。這次我刻意留下來住兩晚，因為我很想更靠近他們，我想親身體驗這對夫妻與兩位重度自閉症大孩子的生活，並且回溯找出他們這十七年來為何如此艱辛的緣由。

大小寶的怪習慣

第一天傍晚，我有機會觀察許太太替雙胞胎弟弟小寶洗澡。從小寶的動作和媽媽為他洗澡的熟練度看來，母子二人默契良好，但令我驚訝的是小寶的習慣：每次

洗完澡後，小寶會強迫自己大便，若是無便可解，他會用手挖肛門，好讓媽媽看到他的大便，並按下馬桶的沖水開關。為此，許太太常要和小寶拉扯好幾分鐘，說服小寶不要再挖了，同時連續沖好幾次馬桶，讓近乎失明的小寶聽到水聲，他才會滿足地站起來離開。

洗過澡後，小寶焦慮地在廚房走來走去，於是許太太拿不鏽鋼碗和湯匙倒飲料給他喝。喝完之後，小寶還要再來一碗，但這次他不直接喝，而是把碗湊到耳邊，用湯匙摩擦碗緣，發出嘰嘰嘎嘎的噪音。小寶就這樣一邊發出聲響，一邊在廚房和客廳之間來來回回一直走，並斷斷續續地喝著飲料，完全陶醉其中。如果不拿走他手中的碗和湯匙，他可以這樣來回走上一、兩個小時，直到心滿意足為止。

在小寶拿著碗和湯匙走來走去時，碗裡的飲料常被灑出來，滴在地板上，只見許太太默默跟在小寶後面，不停地擦地板。她的臉上看不出一絲嫌惡，反而是一種近乎「修行」的神情。我坐在沙發上看著這一幕，內心感到一陣苦澀。不久，我聽到一樓房間傳出困獸般的哀嚎聲，我知道那是雙胞胎哥哥大寶發出的聲音，但許太太沒有回應。安靜數分鐘後，哀嚎聲再度傳出，許太太依然沒有反應，靜靜地在廚房洗抹布。

我不好意思出聲，坐在客廳沙發上假裝看報紙，心裡卻揣想著許太太的感受。每天下班回家後，面對這樣一對兒子的怪異行為，她是已經全然習慣了，還是必須像視而不見、聽而不聞般地痲痺自己，才不致精神崩潰？

當天晚上，我邀了幾位家長來許家，一起討論如何向縣政府提出懇請書，促使社會處能主動規畫一個二十四小時收容重度或極重度身心障礙者的家園。雙胞胎的父親許先生一再強調，他不是為了自己爭取，只是希望社會處能體會他們的辛苦與需求，因為還有很多家庭面臨相同的困境，不僅只有他們一家如此。他和幾位家長親自走訪數十個家庭，寫成一本厚厚的辛酸故事及陳請書，但至今縣府仍沒有具體行動，雖然已有立委介入關心，然而距離成立一個安心收容家園的目標仍遙遙無期。

許先生不願放棄地繼續堅持，我也將心比心地主動提供經驗，希望陪這些家長努力爭取，讓這處離島能有讓人安心的重度身心障礙者收養機構。

天妒的幸福

隔天是例假日，清晨六點多我起床下樓，就看見許太太在清洗紗窗。走出戶外，庭院的花草已經灑過水了，我知道這也是許太太做的。我靜坐在庭院石桌旁的椅子上，望著整潔寬大的洋房，心中感慨地想：如果沒有那樣的兩個孩子，住在房子裡的應該是個祥和的家庭吧？可是這棟房子裡，卻住著一對安靜的夫妻和兩個情緒異常的孩子。我想，這對夫妻應該很壓抑吧。

浮現在我腦海中的，是許先生一臉苦笑跟我說話的模樣：「如果沒有我的父母、岳父母和弟妹他們的幫忙與體諒，我們夫妻早就崩潰了。或許是天妒吧，我們還沒生下這對雙胞胎前，是個非常幸福的家庭，但是這兩個兒子一出生就有心臟病和一堆其他的毛病，三不五時就生病跑醫院，要不是有長輩幫忙照顧老大和老二，讓我們夫妻陪這對雙胞胎住院，真不知日子要如何過下去？這間房子也是我爸媽買的地，我們三年前才蓋好搬過來住，為了醫治這兩個孩子，我們欠了一大堆債務。」

我安靜地傾聽，許先生繼續說：「我們需要工作，所以孩子托給長輩帶，只要他們不自傷、不大哭大鬧就好，妳也知道，養這樣的孩子有多難！五歲之後，孩子開始出現自傷行為，大約也是這個時候，我們送孩子去啟智機構，等他們下午三點多放學回家，就由我爸媽幫忙看顧。我也不能說孩子的行為是怎麼養成的，畢竟大寶和小寶是重度智能障礙，又不會說話，老人家也不懂特教，只要能安撫他們不自傷就好了。現在我父母年紀大了，將來我們夫妻也會老，越來越沒體力照顧這樣的孩子，所以我必須讓政府知道我們的需求，就這樣而已。」

我明白也心疼許先生和許太太的處境，我很想知道大寶和小寶這十幾年來的成長史，以及許太太如何看待這一切？但是又不敢貿然向許太太提問，只好將疑惑放在心裡，畢竟這是不堪回首的過程，想必其中有不少艱難的掙扎，例如要放棄工作，還是自己帶？自己帶孩子就會比較好嗎？要留守故鄉，還是為了孩子遷居台灣？倘若離開家鄉，在大都市也未必能遇見可指引他們的專業人員吧？他們選擇留在故鄉，但為何這十幾年來，一直碰不到真正有心、幫助他們走出難關的專業人員？為何總遇不到提燈照路的貴人？這是離島身心障礙者的悲哀，還是個人家庭的哀歌？

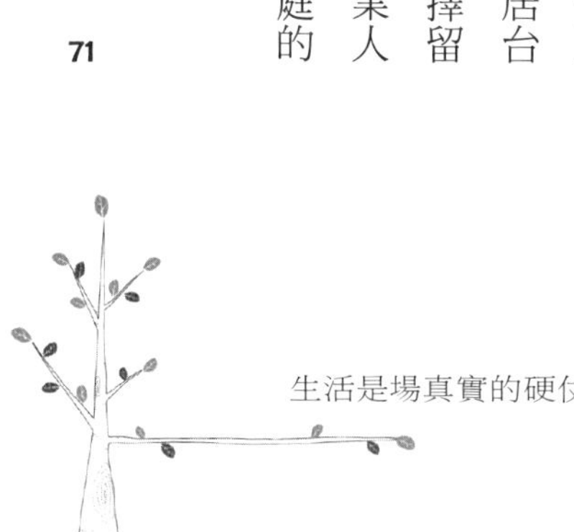

當我離開這個美麗的島嶼時，秋天已悄然到來，從飛機上鳥瞰這些群島，我心裡沒有度假遊客的輕鬆和喜悅，反而懷著更多的忐忑與盼望，希望療育資源及專業人員能對離島多一點用心，讓許多像許先生這樣的家庭，不再陷入「不知所措」的處境。

十一月上旬，我有機會因公再次拜訪這座離島，除了關心家長們掛念的二十四小時身心障礙者安心家園的進展狀況外，心裡更牽繫著許家的故事。在我心裡一直有個疑惑：在國內外，類似許家這樣的狀況應該不在少數，然而他們身邊的特教人士或醫療專業團隊卻完全束手無策。到底問題出在哪個環節？於是我主動請許先生接受我的深入訪談。

抉擇與意外的收穫

在我問及許先生當初如何抉擇時，他這樣回答我：「我們這兩個兒子經歷了醫院那漫長又難捱的過程，終於出院回家後，我們請了一位保母來家裡幫忙，那時我太太也面臨產假完要回去上班還是離職的決定。有一天，她對我說：『如果我離職在家，天天面對這兩個孩子，我一定會瘋掉！』聽到這句話，我下定決心讓太太去上班，白天請保母和我母親一起照顧兩個孩子。」

我十分認同地點頭，並憶起德國一位專家的話：「我樂見為生活百分之百努力、只花百分之二十力氣在孩子身上的父母；我不願見到為殘障孩子付出百分之百的心血、卻讓生活灰頭土臉的家長。」

因此我告訴許先生：「我相信你太太說的話。許多身心障礙孩子的媽媽，由於整天面對孩子的問題，搞到最後自己得憂鬱症。當初你下的這個決定，對太太而言是一種支持和體恤。」

「我們白天辛苦工作，不過下班後，這兩個孩子的照顧和養育還是我們的責任，我太太還是得洗衣服、整理家務，而且除了這對雙胞胎，我們還有兩個大孩子需要陪伴和照顧呀！所以，當年我決定，老大和老二由我下班後陪伴，這對雙胞胎兒子則由太太照顧。以前吃完晚餐後，即使疲憊不堪，我們夫妻倆還是一人架著一個孩子到國小運動場訓練他們走路，但我們也是人，天天受這樣的折騰，這種孩子的父母會有的遭遇與情緒，我全都經歷過，包括發怒和怨恨……

美瑗姐，妳能想像孩子小時候，每天晚上我都要把孩子抱在胸前，安撫他們入睡的日子嗎？有好長一段時間，我不曾躺在床上睡覺，即使現在，他們兄弟晚上若有狀況，我們夫妻還是無法安眠。自從搬來新厝後，小寶晚上就是不肯進房間睡覺，整個晚上，他不是走來走去就是坐在客廳椅子上睡，我們夫妻又能怎樣？」

這段話讓我想起女兒舒安生前，因不舒服、睡不好而頻頻發出聲音，讓我晚上無法安睡的往事，那種無奈和痛苦真是一言難盡。於是我問許先生：「晚上被孩子吵到沒辦法睡，在暗夜等待到天明的那段時間，你都在想什麼？你是怎麼度過的？」

「人的生理是極睏、想睡時沒睡，過了之後，身體會很累但腦筋卻很清楚，反而很難睡著，我只好看書，看最無聊和無趣的書，例如消防安全設備和管理之類的硬書。所以若要說我長夜漫漫，失去睡眠後獲得什麼？告訴妳，我考到了好幾張消防安全的技士執照，但這些證照不是為了儲備第二專長，而是為了逼迫自己入睡。」許先生指著書櫃中一整排的消防安檢工具書，露出苦笑。

此刻，我內心的疑惑終於漸漸清晰，但還是有件事想再釐清。我問道：「我支持你當初的決定，由你全心陪伴兩個正常的孩子，如今這兩個孩子也都上了大學。當初雙胞胎是由太太負責，而且他們五、六歲就進了啟智機構，可是為何孩子的行為會出現這麼大的問題？是哪個環節出了狀況？」

「坦白說，我也不知道。面對今天這樣的苦果，我們只有概括全收，我覺得這是不得已的『機會代價』。當初我選擇用百分之五十的機會，全心陪伴那兩個正常的孩子，沒有花力氣在大小寶身上，但我不是放棄他們，而是心力有限。我不能怪我太太沒有把孩子養育好，也不能把問題推給我母親，至於是不是機構的過失，我們更不敢怪罪。我只是怨，為何在孩子小的時候，我們得不到更多的協助，結果一路累積下來，就是妳現在看到的情形。」

「唉，這真的讓人很無奈吧。二十年前，我把全部心力都放在小女兒舒安身上，根本無力看顧大女兒，所以曾經把大女兒寄在老家，讓我母親撫養。那時我媽就提醒我：『不要只顧那軟殼的，硬殼的才值得妳去照顧。』我媽的意思也是說我顧此失彼，希望我盤算一下投資報酬率，全心養育正常的大女兒，放棄極重度殘障的舒安。我也曾經陷在痛苦的抉擇中，幸好我苦撐過來，後來兩個孩子也都在我身

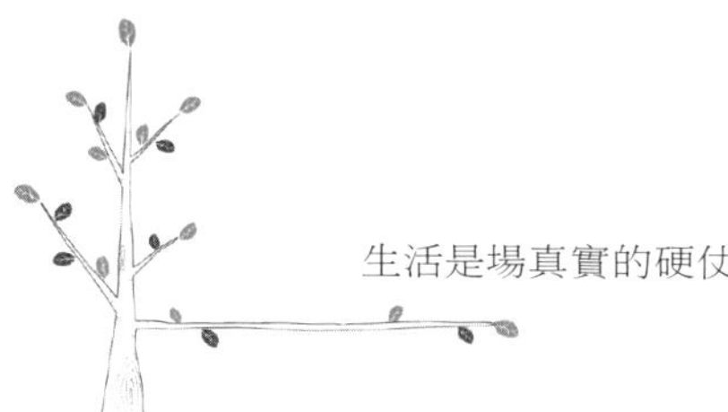

邊，雖然她們的表現都不是最理想，但我努力了、盡力了，也就無憾了。」

堅定的祝福

過去，當特教老師或專業人員輕率地指責家長沒教好孩子的常規或激發出孩子的潛能時，我心裡就犯嘀咕：「你又沒親身受過苦，怎能輕易下評斷？」此刻，我的心裡浮出那句詩：「沒有暗夜哭泣過的人，不足以語人生。」

我沉痛地問許先生：「如果這對雙胞胎一直這樣下去，他們的行為會怪異到一般人無法理解或接納，那麼未來，你有何打算？」

「說真的，我還是那句話，不知所措！我想，這不應該只是我家的問題，當我們到二級離島看見那些獨居的殘障者，或父母老了卻仍放心不下的家庭，我覺得這真的不合理！我們的苦，我自己認了，我們還有一些後援和願意白天照顧他們的啟智機構，可是那些孤苦無依的家庭該怎麼辦？縣政府不是應該要有所作為嗎？不能說離島不需要蓋全日型養護機構，就統統把這些年紀大的殘障者往台灣的機構送吧？難道不能有個可以讓家長安心托顧的處所嗎？這不是政府要關心的責任嗎？」

我看到一向溫和的許先生，露出因為不滿而緊繃、微慍的神情。

「是，這是政府該負的責任，一個離島的縣不能因為沒經費或不想作為，就可以說：『孩子是你們家的事，已經有日托的私立啟智中心了，這些家長還要吵什麼？』這是政府置家長於不仁！」我也憤憤不平。

告別許先生前，我鼓勵他：「你們要結合更多的家長，大聲的把需求和苦衷講出來！這不是丟人的事，也不是『狗吠火車』的愚蠢，是家長的需求請政府重視的吶喊，是縣長身為父母官該有的責任。我會支持你們的！」

許先生感動而不確定地看著我，我再次堅定地對他說：「這一次你們不要放棄！這件事有立委、主任和許多好朋友一起挺你們，你不可以再『不知所措』了，你很清楚，你們需要一個可以全日託養、讓家長喘息的機構！這不是個人的家務事，這是公共需求，要加油！」

許先生淚光閃爍地默默點了點頭。我帶著秋天蕭瑟的涼意登上飛機，暫時把這個重擔卸下，但我多麼希望，子敬他們的重擔也有卸下的一天。

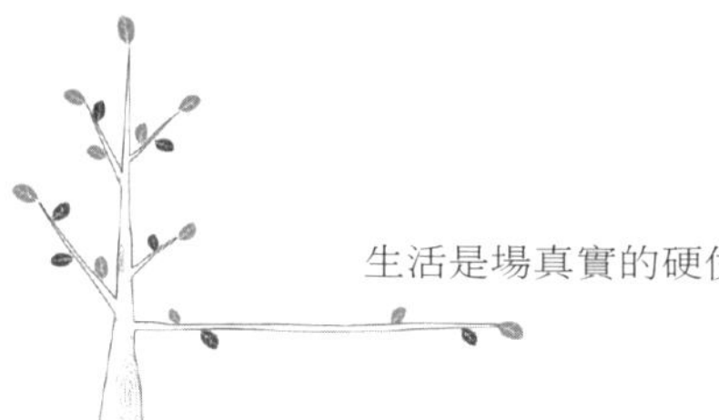

05 放手與放下

那天，我和一位資深家長約好一起到北埔，探望一個以持續正壓呼吸器（Continuous Positive Airway Pressure，簡稱CPAP）維生的女孩珊妮。珊妮家那一帶聚集著勞工家庭，房子低矮老舊，一看就知道是清貧人家的住宅。由於巷弄窄小，車子無法駛入，於是我把車子停在巷口的馬路邊，再步行前往珊妮家。

找到珊妮的家，推門進去就看見客廳橫擺著一張病床，珊妮躺在病床上，床邊是一個全新的製氧機，抽痰器則放在床頭邊。珊妮見到我們，眼睛發亮地直盯著我們看。我放下背包靠近她，握起她的手，叫她的名字並撫摸她的臉。那一刻我的心好酸、心頭一熱，感覺就像在摸女兒舒安的臉一樣。

珊妮的口鼻罩著持續正壓呼吸器，所以無法出聲，只能靠著雙眼和我們互動。

她的眼神很靈活，逗她時還會笑，一看就知道姍妮在心智上比我女兒舒安聰明，雖然因長期缺少站立和坐起，導致姍妮的肺部無力，需要藉助持續正壓呼吸器增加血中含氧量，但她仍然充滿活力地動著身軀。倘若除此之外，珊妮沒有合併其他疾病，在她母親如此得宜的居家照顧下，要讓生命延續完全沒有問題，可是，誰來疼惜、關照這位媽媽的生活品質和心情？

家有腦麻兒的衝擊

我認識珊妮大約有十五年了。第一次見到她時，是在「內政部東區早療實驗計畫」中，姍妮是家中第三個孩子，當時才兩歲。在珊妮的媽媽臨盆陣痛時，護士才發覺孩子的心跳不規律，出生後三、四個月，腦神經科醫師就判定她是腦性麻痺兒。

珊妮的媽媽身材高大，是位樸素忠厚的女人，爸爸則是水電工人。珊妮的出生的確造成家庭的衝擊，可是媽媽沒有放棄她，每週抱著她到實驗中心做復健，直到實驗計畫結束後，媽媽仍然帶著她到醫院做物理治療，但由於珊妮屬於四肢僵直型

的孩子，全身張力強，經常手腳亂揮或亂踢，不但媽媽抱得辛苦，珊妮自己也動得滿身是汗。

珊妮十歲時，她的父親去世，家庭重擔全部落到媽媽身上。媽媽白天到飯店當清潔工，珊妮則送去啟智學校，沒多久便轉到私立啟智中心，幾年後又聽說轉為「在家教育」，直到前年，我聽說珊妮住進加護病房好一陣子了。總之，珊妮的狀況似乎沒有變好，反而每況愈下。

我曾經去加護病房看過珊妮一次。長大的珊妮很秀氣，跟她講話時，她的眼睛瞪得好大，似乎聽得懂別人說什麼。每次珊妮住進加護病房，一住總是一、兩個月，媽媽則是守在旁邊，不像其他病人的家屬只能定時探望，因為如果醒來看不到媽媽，珊妮會非常焦慮地用力揮舞手腳、扭動全身，似乎要用力把病床撤開，身材嬌小的年輕護士們對此常不知該如何是好，所以特別讓媽媽陪在一旁安撫珊妮，此外也能隨時替她按摩四肢。

九個月前，珊妮再度從加護病房出院回家。這次她可以在家療養，但為了讓呼吸順暢、舒服，醫師建議配合居家護理師和持續正壓呼吸器。每隔半小時，媽媽就要幫珊妮抽一次痰，並用鼻胃管灌食，所以珊妮的兩個鼻孔都插著管子，一邊是餵食管，一邊是抽痰管，臉上則罩著正壓呼吸器罩，腳趾頭上還夾著監測血中含氧量的儀器——那感覺肯定不好受！總之，這些居家照顧配備和住院時沒兩樣，熟悉的畫面也讓我想起舒安生前在家照顧時，同樣有著這樣的裝備。

躺在病床上的珊妮全身乾乾淨淨，雖然因為肌肉張力太強而不斷流汗，但是媽媽幫她擦得很勤，一天換兩、三次衣服，還天天幫珊妮洗澡。嚴格說起來，珊妮是幸福的，不但有全心全意愛她的媽媽，還有願意為她加班賺錢、負擔開銷的哥哥，雖然她身體受苦，卻擁有滿滿的愛。

拜訪珊妮那天，我原本想勸珊妮的媽媽不要太勉強，一心想留住孩子的生命，可是當我看到珊妮那靈活的雙眼，還有媽媽溫柔熟練的抽痰動作，叫她放手的話我實在說不出口。

獨力承擔卻無法喘息的母親

二〇一一年八月二十七日，氣象報告南瑪都颱風逼近台灣，花蓮可能是颱風

登陸的地點。颱風來襲前，大家忙著搶備用糧食，珊妮的媽媽卻急著到處借罐裝氧氣，以備萬一停電、製氧機無法運轉時，珊妮還有氧氣可使用。我聽到這件事，除了關心她是否借到罐裝氧氣，也心疼她長期獨自一人照顧珊妮，沒人能替她分憂解勞，因為上個月她不但血壓飆高、整天頭暈眼花，還出現了身心焦慮症現象。我聽見珊妮媽媽渴望喘息的呼聲，可是真要她放手讓別人來照顧珊妮，卻又有許多現實面要處理和考量。

首先是珊妮的安置問題，像她這樣極重度腦麻又依賴呼吸器維生的人，啟智教養機構不敢收，只有重殘養護機構或植物人安養中心才會收容。不過，那樣的機構大部分都是收容失能老人或植物人，珊妮才十七、八歲又意識清楚，喜怒哀樂等情緒都很正常，沒有理由把她送到那裡去，而且重殘養護機構以低收入戶優先，像珊妮他們這種介於低收入邊緣的家庭經常求助無門。

其次是經濟問題，倘若珊妮的爸爸仍在世，家中經濟應該會好些，或許就有能力聘一位外籍看護來幫忙，讓媽媽能輕鬆一點，可是依照目前的狀況，他們負擔不起這筆費用。

此外，若是他們家的支持系統良好，珊妮的媽媽偶爾還能喘息一下，但由於媽媽經年累月獨力照顧珊妮，鮮少與外界互動，根本沒有親友能幫忙；即便有志工或鄰居願意協助，也不敢幫珊妮抽痰或用鼻胃管灌食，以免危及生命。雖然居家護理員每週一次來家裡追蹤媽媽的照顧品質，「長期照護管理中心」也每週兩次派人來幫忙珊妮洗澡，可是二十四小時照顧珊妮的起居任務，依然只有媽媽一人獨力承擔。「珊妮媽媽，妳需要喘息服務！」這是我真心的吶喊，可是誰能幫忙呢？

我是過來人，深知箇中辛苦與無奈真是有口難言，我相信像珊妮媽媽這樣處境的人不在少數。「中華民國家庭照顧者關懷總會」的調查報告指出：「台灣有六十幾萬人在家照顧生活無法自理的家人，他們平均照顧家人的時間長達十年，每天花在照顧家人的時間近十四小時，照顧者能連續睡眠的時間平均不到四小時，他們不是在睡夢中驚醒，就是放心不下心中最親愛的家人。但是，很少人會注意家庭照顧者的身心壓力，當他們無法負荷時，有二到四成的人會出現精神症狀，生活變得緊繃。」這是不容忽視的重大公共議題。

彩衣娛親的堅毅老婦人

幾年前，我到新竹探望一位因黃疸過高造成腦性麻痺的女孩和她的媽媽。這位媽媽是我二十年前，初次帶女兒舒安到台北石牌振興醫院接受復健時認識的。原本都是她親自照顧女兒，每天的生活範圍僅限於一間小套房中，讓她整個人看起來很沒有元氣和幸福感；幾年後，她聘了一位外傭來幫忙，讓她得以每週外出兩次參加社區活動。生活圈開闊之後，她也變得年輕可愛了！那一晚，我們聊了許多照顧孩子的心得，以及有幫手分擔照顧後帶來的家庭幸福。之後，她邀我一同前往社區的另一戶人家，希望我能勸一位六十多歲的老婦人，把照顧極重殘女兒的事放手給看護照顧或送去機構。

那位老婦人有兩個女兒，長女是老師，次女則是極重度腦性麻痺者，雖然已經三十二歲了，但從外表看來她就像個十幾歲的大女孩。這女孩躺在一樓客廳的氣墊床上，看到陌生客人便興奮地揮手，同時發出咿咿嗚嗚的聲音，像在與人打招呼。這位老婦人平時幫人修改衣服，同時照顧女兒與料理家務，她的丈夫退休後也一起照顧這個女兒，兩人從沒想過把女兒送去養護機構，一心認為孩子是自己的，養她、照顧她是理所當然的事。他們也沒有幫女兒申請殘障手冊，就這樣細心、認命地養在家裡二、三十年，直到有一天，老夫妻在社區裡看到我這位朋友用輪椅推著女兒散步，交談之下才知道隔幾條街還有類似處境的人家。

老婦人年紀大了，白天寸步不離地照顧女兒，晚上也睡不安穩，只要女兒一有聲音，她就起身查看，整晚醒醒睡睡，連老伴也被拖下水，一家三口就這樣互相牽絆過了將近三十年。言談中，這位老婦人除了陪女兒去醫院，最遠就是到社區市場，女兒是她最主要的生活重心，她也從不避諱讓人知道女兒是腦麻患者，來修改衣服的客人都稱讚她是一位有耐心的慈母。此外，這位腦麻的女兒有個嗜好，就是喜歡看媽媽修好客人的衣服後穿給她看，不論衣服穿不穿得下，老母親都會認真試穿，就像老萊子彩衣娛親一般，只不過是角色換成了老母親逗女兒開心。

處境相同，做法大不同

整晚的交談中，我的心就像被石頭壓著，始終有說不上來的沉悶和難受，既心疼她因照顧女兒導致腰椎傷痛連連，也敬佩這位慈母的堅毅非凡。無論我們怎麼勸

她、分析把女兒送去教養院或養護中心的優點，她都不為所動，堅持要照顧女兒到自己嚥下最後一口氣……看到這一切，我的心中迷惘不已。

同樣都是極重度腦麻女兒的母親，我、認識多年的朋友和這位老婦人，我們三人對養育和照顧重殘孩子的態度卻大不相同，各有自己的想法和處境，那份堅持與不易改變的理由，只有自己最清楚，旁人很難了解及下定論。同是家長身分都這麼難以說服對方了，更何況是沒有切身經歷的社工？那一夜的景象，讓我體會到親情的奧妙與糾葛，除非當事人覺得「夠了」甘願放手，否則真的是不容易切割的情感依附呀。

想到這裡，我憶起二〇〇七年九月寫過一篇名為「卸下重擔」的文章，文中描述那年春天，終於有位外籍看護承接我照顧女兒的重擔，我整個人因此變得神清氣爽，臉上笑容燦爛，連久久才見一面的友人都感受得到這份喜悅之情！在文章裡，我坦承不論用任何語句表述或包裝，現實就是現實，我的一天與別人一樣只有二十四小時，身兼母親、秘書長與學生三種角色的我，每天要面對一堆工作和食、衣、拉、行樣樣都要我照顧與處理的女兒，勞累和沉重自然如影隨形。

白天我表現得盡責又賣力，但夜深人靜時，那種洩了氣的無奈，只有自己獨自面對。直到有外籍看護住在家裡代我照顧女兒，我的生活品質才逐漸改善，但一開始我也非常不習慣，認為女兒的生活作息還是自己動手最放心，雖然有幫手讓我可以「好命」，卻因長期扮演照顧者的慣性而放不下，讓我不禁自嘲「奴婢做久了，有機會做董娘也不知道怎麼幹」。

學會放下

後來，我先從早餐開始放手，每天逼自己去晨泳，把餵食女兒的工作交給外籍看護代勞，晨泳不僅改善了我的腰椎舊疾，而且讓身體結實又瘦了一圈，我又開心又得意。接著，我開始著手計畫工作的改變和提升，讓優秀同仁更有機會磨練與擔當，對組織而言這是一種培育和傳承，而且如此一來，我更能安心攻讀研究所，讓自己的專業提升，更敢於邁開腳步大膽追尋壓抑已久的夢想……這一切，都是源自於有位可信賴的幫手能替我照顧女兒之故。沒想到一個月多花費兩、三萬元，雖然讓我荷包緊縮，卻能換得輕鬆與健康，並能更開懷地如實面對生命賜給我的一切課

題，而這樣的幸福，我是用二十年的勞苦才換到的。

我不知道台灣還有多少像珊妮母女或新竹老婦人那樣的家庭，但是我知道，腦性麻痺兒的出生機率不可能是零。任何人都可能遇到新生命的變異，但不同的家境和支持系統，對腦麻家庭的影響非常深遠，而不同的親情體驗與愛的程度，會讓這種生命的依附關係譜出不同的曲調。

愛，要如何放手與放下？這門功課當事者不容易參悟，更何況是局外人呢？但是政府不能把這樣的苦楚，視為個別家庭必須承擔的遭遇而任其浮沉，因為個別家庭的心中，只有那個躺在床上、需要全天候看顧的親人，也因此，他們往往是最沒有多餘心力去搖旗吶喊、爭取政府眷顧的一群人，所以「喘息服務」應該被納入公共議題，政府更應該積極規劃，並拿出誠意來才是。

06 情字這條路

去年六月底，因為出席某地方政府的早療推動委員會，而有機會認識輔具評估師楊君。長期以來，我一直很關心和好奇「居家輔具評估」這個領域的服務狀況，因此爭取機會隨同楊君等人做家庭訪視評估。在車上，我聽社工講正準備拜訪的這個家庭，起初拒絕了服務，在經過三次互動與提供輔具，證明對孩子的學習確實有所助益後，這次的家訪才得以成行。不久，車子在一個聚落停下，我們下車後便直接走過去。

這家的孩子名叫天恩，是個快六歲的小女孩，長得清秀白皙，有雙靈活會說話的眼睛。這一天，天恩的媽媽幫她綁了一個高高的馬尾，穿著一身白底淺黃花色的輕便衣褲並坐在輪椅上的她，見到我們便露出了愉快的笑容。

專業級的家庭復健設備

印尼看護依莎抱起天恩上樓，我們也尾隨她到二樓，眼前的大廳是一間「天恩專屬多功能教室」——地板是黑白相間的大正方形地墊，目的是讓天恩進行視覺辨識；左邊的牆面，從離地十公分起貼滿識字海報與認知圖卡，還有天恩從小至今和爸媽、祖父母的生活照；右邊的牆上則是一排教具及書籍，右前方角落放著天恩的三角椅和輪椅。

向左轉個彎，我們看到一間電腦輔具與運動治療室，裡面有一座木製吊單槓的設施、大鍥行板和一些做復健的小輔具，地板也是大正方形的黑白地墊，這些設備和氛圍，簡直就是一問專業的物理治療室，讓我看得目瞪口呆！看護讓天恩坐在有特製三角椅的輪椅上，在她面前放好一片凹型特製桌面，然後推著天恩到電腦前，由輔具治療師楊君開始解說，並幫她安裝視覺辨識功能的學習軟體及促進手眼協調功能的遊戲。

我好奇地湊在一旁聆聽，同時觀察天恩和她父母的反應。在楊君用心指導示範下，天恩開心地嘗試按壓操作開關。拜科技進步之賜，現階段台灣身心障礙領域的科技輔具逐步提升，這讓我十分羨慕天恩有此福氣，享受科技帶來的協助；想想一、二十年前，女兒舒安小時候根本沒有這類輔助教學遊戲，即便數年前台灣已有這些軟體，我也沒積極去尋找資源，因此和「學習兼具娛樂輔具」這個領域很疏離。

我保持高度好奇心地陪在天恩和她父母身旁，發現天恩的媽媽會叫爸爸專心看，也會提醒天恩不能太快或太慢按壓那個叫做滑鼠的開關，看來媽媽的參與度與緊張程度，較孩子有過之無不及。天恩的四肢有不規則的僵硬，右手掌要舉高約五公分才能吃力地按壓開關，因此輔具師拿出一塊扁平的矩形開關、能貼著桌面的輔具讓天恩嘗試，這樣的高度，比原本的滑鼠開關更容易按到一點。

輔具師了解太容易操作的開關，反而會失去刺激提高手部的效果，所以他必須結合物理治療的概念，讓天恩能按壓開關學習有趣的認知遊戲，又能同時兼顧達到手部功能的復健訓練，這是專業人員的智慧考驗，楊君這位優秀的物理治療師兼輔具師全都設想到了。當日，天恩媽媽整個人都融入在輔具師反覆讓孩子嘗試操作的情境中。

為了怕天恩覺得熱，房間裡有開冷氣，我們五個大人圍著天恩，專心注視著電

腦畫面和天恩的手部協調性。天恩媽媽的反應很強烈，當天恩按開關射中目標時，她露出開心的表情；當天恩的手來不及按壓而沒達到目標時，她則深感惋惜，這些都反映出媽媽如何全心專注在孩子的身上。

輔具測試告一段落後，天恩已經滿頭大汗，媽媽一邊溫柔地幫天恩擦汗一邊問：「這樣辛苦學習，都是為了誰？」大約過了兩秒，天恩抬起手肘指向自己，只見媽媽看著天恩點頭，滿意地笑著說：「對，這都是為妳好。」

驚人的復健日誌

從一踏進這個家到遊戲軟體輔具操作完畢，眼前的景象讓我覺得，天恩媽媽真的太辛苦了。豈料，她接著拿出一張「天恩居家復健日誌」表，上面列出天恩每天必須進行與完成的復健項目，包括口罩、腹爬、口腔刺激、拉桿、手膝撐、站立、按摩、捏脊、鍥型板、葉老師的平衡療法等洋洋灑灑的課程，光是口腔刺激就列了六項。我驚呼道：「哇，天恩媽媽妳真是太用心了！可是你們也太辛苦了，天恩一天要做這麼多的復健呀？」

「是呀，為了天恩，我們還去香港學復健的方法，還跑到上海學治療，能做的我們都去學，回來後也天天照著練習。因為離島這裡離台灣比較遠，所以我們乾脆去大陸上課。」

我光是聽都覺得累到想冒汗，於是接著她的話說：「我女兒約五歲大時，我也是這樣記錄每天幫孩子做多少復健訓練，可是才執行八、九個月，我就受不了啦，實在太累了！我白天要上班，晚上還得給孩子做復健，那真不是人過的日子呀。」一想到那段遙遠的記憶，我就累得喘不過氣來。

「有什麼辦法？不這樣幫天恩復健，以後她怎麼辦？」她的表情複雜，語氣中帶著無奈與埋怨。

「這樣下去，你們都會受不了的。」我關心地說道。

「對呀，有時我累得心灰意懶，真想帶著她去死！」天恩媽媽堅毅的臉上突然滿是挫敗，我瞥見天恩爸爸瞪著她，緊接著她又說：「她爸爸就說過，我如果要死，一定要帶天恩一起死，不要把天恩留給他。」

霎時一陣靜默，眾人陷入一種壓抑、悲傷與憤怒的氛圍中，我們三個外人尷

尬不已。輔具師、社工和天恩爸爸都沒答腔，我只好開口打破沉默：「還不至於走到那個地步，吵架時可以這樣說，但不能真的這樣做啦！不過，我覺得你們真的太用心、太辛苦了，你們的心要放開……你們能不能試著寬恕那個讓孩子受傷的人呢？」我小心地試探。

我從社工那裡得知，天恩的雙側僵直型腦性麻痺，是生產過程出差錯造成的後遺症。從天恩媽媽那又恨又愛的矛盾情緒，以及對當地醫療專業人員的鄙夷態度，讓我大膽假設她對醫護人員仍心懷怨恨。

「不可能！我永遠都忘不了那個不負責任的醫生！他的失誤可能只是百分之一，對我們而言卻是百分之百的傷害！」她忿忿不平地回答。

我明顯感受到，對於孩子目前這樣的狀況，這對夫妻有太多的不甘和心疼，他們天天看著清秀無辜的天恩因做復健而哭泣，日日為她有沒有進步而焦慮，時時陷在孩子的處境中而傷神……我看到了他們夫妻緊繃的關係，和一看即知的壓力與無奈。於是我進一步直言：「這是非常負面的能量，如果你們一直處在這種狀況下，遲早會崩潰的。傷害既已造成，寬恕這一切，我想會比較好。只有寬恕了，你們的心才能平安，才有正向能量陪伴孩子一生。」

「很難……」天恩爸爸搖頭這麼說，並意有所指地看著妻子。

「真的很難！我很難不去怨恨生產過程中出現的失誤！」她斬釘截鐵地說。

上帝的說明書

我知道三言兩語不可能解開這麼深的心結。我抬起頭，看見屋裡高掛著「基督是我家之主」的牌子，於是以另一個信仰基督教家庭的故事為例子，開口說道：「有一天，一對信仰上的年輕夫妻來到我的辦公室，媽媽手裡抱著一個一歲多的小男孩，那孩子非常瘦小，是不明原因的多重障礙兒。他媽媽說，每天要花很長時間，一口一口地餵這個孩子喝奶，如果不這樣費心餵，孩子一定更瘦弱。那個媽媽說這些話時，是非常疲倦和悲傷的，我知道這是多麼辛苦和沮喪的心情，因為我也是過來人，那種恨不得孩子能主動喝奶、吃東西的焦急和無奈，仍然歷歷在目。於是我發自真心地對他們說：『這是神送給你們的禮物，請你們歡喜地接納吧！』

那位有護士背景的年輕媽媽，卻幽怨地回答我：『我願意收下這禮物，可是妳

能不能給我禮物的說明書？』我一時啞口無言。這的確很為難，上哪去取得『上帝的說明書』呢？」

看到天恩的爸媽被我的話吸引了，於是我繼續說：「這個故事讓我想很多，我們早療專業人員是該具備傳遞上帝說明書的任務，但是我們沒有這樣實體的工具，然而我相信，大部分的專業人員如果擁有這份資料，他們一定不吝提供。有一次我跟朋友講這件事，沒想到他竟然幽默地回我：『抱歉！這是上帝的瑕疵品，所以不附說明書。』」

在場的大人全都會心地笑了。我說這故事的目的是想讓天恩的爸媽知道，我明白要接受生命的缺陷和意外，不是件容易的事。在我講了這個故事後，天恩的爸媽原本高漲的怒氣消了不少，但我清楚他們的心結仍未解開，於是主動要求他們讓我下次再來拜訪，希望能把「寬恕」這份禮物送給他們，而不一定是上帝的說明書。

十月初，一個刮大風的日子，我再度來到天恩家。一進門，就看到打扮得可愛宜人的天恩，正坐在她的輪椅上看電視，天恩的爸媽則很開心地迎接我。稍做寒暄後，我提出請求，希望他們夫妻和我上樓去聊，於是我第二次走進「天恩專屬復健治療室」。

「我一直掛念著兩位，特別是天恩媽媽的心情和情緒。」我開門見山地說。

「我也想和妳多聊聊，上回妳走之後，我們真的到台中看郭醫師，他說現在沒辦法替天恩做德國Vojta治療【註一】，還說保持這條線不斷就好，可是我聽不懂他的意思？」

「據我所知，郭醫師現階段的確沒辦法親自執行Vojta治療，但未來不見得不可能。不過，天恩媽媽妳太厲害了，一下子就四個人搭飛機到台中找郭醫師，妳這份心叫我又敬佩又心疼！」

「沒辦法呀，現在不給天恩治療，她什麼時候才會走路和講話？」

「妳一直期待天恩能走、能說，可是有沒有想過天恩生理上有多大的限制？如果可以的話，是不是把希望轉移到再生一個孩子上，或多培養一下夫妻感情比較好呢？」我企圖幫他們鬆綁對天恩療育的熱切盼望與部分迷思。

「不可能了！我們已經算高齡了，我也很難再有心情和體力去生第二個孩子，我只想幫天恩復健，讓她可以去念書。」天恩媽媽不假思索地回答，看都不看丈夫

一眼。

「天恩上學沒問題，或許普通班也行，只要有人陪讀就可以。天恩很聰明，聽得懂許多話，去上學應該比待在家更好。」

「有、有，每週有兩個上午，我們會送天恩到托兒所。」爸爸在一旁迫不及待解釋。

「天恩明年就要讀小學了，你們要準備讓她順利適應國小環境喔。」

「不！我們應該會申請緩讀，繼續每週維持一、兩個上午讓她到托兒所。」天恩媽媽接著說。

「這樣也可以，但緩讀只是權宜之計，天恩終究要接受義務教育，學校會有巡迴專業團隊協助，只是離島的專業巡輔很難周全到位……也難怪你們會擔心和覺得無奈。」講到這裡，我的心也涼了半截。

「如果離島有像台北那麼好的資源或環境，我們哪需要這麼辛苦？」

每次聽到離島家長這樣抱怨時，我都覺得他們憤怒有理，可是當外在環境不利，短期內又不可能改變時，能先調適的就是自己的認知與心態，家長要意識到這是一條漫長的艱辛歲月，要有跑馬拉松的心情，不緊也不鬆地比耐力和智力。

然而，誰能指示父母這樣一條清晰的路？是物理治療師、小兒神經科醫師，還是社工人員？我沒有把握，而且關鍵不僅是提供正確的評估與診斷，還要能直接提供專業服務，以及有人敢潑家長冷水的具體建議。

「天恩媽媽，我覺得妳真的太辛苦了！妳把所有心思都放在孩子身上，可是請別忘了妳還有老公和自己的生活。天恩的復健之路很漫長，你們要試著緩下來，把心思轉移到如何讓生活感受到快樂與幸福……至少，妳要讓自己睡得好，偶爾和先生出去散步或喝茶。」

「我們會一起開車到處兜風，只要能讓天恩開心的事，我們都會一起做。」

「我的意思是，能不能只有你們夫妻兩人而沒有天恩？」我替她老公抱屈。

「不可能，天恩會哭！」媽媽強硬地說。

「唉，我以前跟妳一樣，眼裡心裡只有女兒舒安，沒有老公，但又計較他付出的少，把他推得老遠，再怪他不懂我的苦心，弄得越來越不滿自己的婚姻，覺得自己越來越孤單，只好努力發展自己的工作。可是我的身心疲累不堪，看不到婚姻的

曙光。」

我把視線轉向天恩爸爸，別有用心地繼續說：「直到去年舒安過世後，我讀到我先生寫給女兒的詩〈乖仔兒〉，那首詩充滿他對女兒的愛與不捨，也讓我看到，原來我老公一直用他的方式默默愛著女兒，他對我和對女兒的愛很深，我卻一直忽略他、對他不滿，甚至想和他切斷關係。幸好這首詩讓我明白，男人對於家人的感情，不一定符合我們女人期待的模式。」我略帶哽咽地說著，此時天恩媽媽已經淚流滿面了。

互相牽絆的母女親情

我再次望向天恩爸爸，他那忠厚的臉上顯露出「妳懂我心」的釋然。他將衛生紙遞給太太，默默地坐在一旁。

「說真的，『寬恕』和『接納』這兩件事並不容易做到，特別是我們這種遭遇的家庭，要我們寬恕醫療疏失、寬恕家人和我不同心、寬恕老天不公平，談何容易？更別說要我們接納這一切的遭遇了。別人說來簡單輕鬆，身為媽媽的我們哪能輕易放下，是不是？可是，天恩媽媽，此刻除了讓自己卸下重擔、接納神的安排之外，我們再多的掙扎有幫助嗎？」靜默數分鐘後，我試探地問道：「晚上睡覺的時候，天恩跟誰睡？」

「都是我抱著她睡。如果不抱著睡，天恩就會醒來，一定要我抱著睡，否則她就哭。」

「妳的感情被天恩控制了！到底是妳依賴天恩，還是她依附你？」我鐵了心刺激她。

「一直都這樣呀，我讓她睡在我胸前，她越來越重，壓得我快喘不過氣來了。」

「我猜到妳一定會這樣做，可是，想想妳的腰還能支撐多久？想想這樣的情感依附對妳和先生有什麼幫助？四年前，我開始聘請外籍看護幫我照顧女兒，在那之前，我也是十幾年來都和舒安睡同一張床、蓋同一條被子，孩子只要哭或哼一聲，我就會醒來，睡眠品質壞透了！而且我白天要上班，晚上還這樣被折騰，真的很痛苦！可是那時候，我不覺得有哪裡不妥。」

「我也是，所以我很羨慕她爸爸可以睡得像死豬，而我卻要這樣抱著天恩睡，

我白天也要上班呀！」

「妳當然也可以，就看自己捨不捨得放下？妳知道嗎，請了看護後，有天我同事到我家過夜，看到我還是和女兒同床共被，她就取笑我：『妳是主人，一夜沒得好睡，卻讓照顧患者的僕人一覺到天亮！妳這主人還真命苦呀，妳究竟在想什麼？有什麼放不下？』被我同事這樣刺激，當晚我便下定決心，把女兒托給看護照顧。」

天恩媽媽默不作聲，我頓了頓，便把話題轉到天恩的復健，但心裡有點失望，感覺她還是沒把我話聽進去。我看著天恩爸爸，問他：「你平常真的都不太幫忙嗎？這樣不行喔。」

「哪有，我會幫忙煮飯做菜！我的工作是三班制，如果下午在家，或下班正好是傍晚，都是我煮飯，讓她回到家就有熱飯可以吃，我只是比較沒時間幫天恩做復健而已。」

我微笑，果然是個不錯的男人，也讓我更想幫忙改善他們夫妻間的關係，可是天恩媽媽就是嘴硬，對於丈夫的這些優點覺得是小事，能幫忙天恩做復健才是重要大事，甚至還拿天恩最新的居家復健日誌表給我看。我突然覺得肚子好餓，沒力氣再說下去，於是我說：「我們下樓去吧。」

來到一樓客廳，天恩仍坐在特製輪椅上看電視，不過她已經吃飽了，見到媽媽立即發出撒嬌聲，媽媽也立刻伸手抱她。不過兩小時不見而已，這對母女親密的擁抱與親吻卻彷彿幾天不見，簡直比熱戀中的情侶還激動；看到眼前的情景，我更加明白這份依附的情感不是三言兩語就能化開的，那就像是前世約好今生要繼續糾葛的愛情。

未來的學習之路

我輕嘆一聲地坐在沙發上，正好看到矮几的玻璃下，壓著一張舊報紙，整版都在報導一位三十歲重度腦性麻痺的女孩，隨家人移民到瑞典的故事。主角名叫阿娟，三十年前台灣的大環境真的對殘障孩子很不利，阿娟的父親是廚師，他們的大伯正好移民瑞典，為了讓阿娟獲得生存的尊嚴與教養福利，他們毅然地移民他鄉。除了文字外，報上還登出阿娟小時候用腳打鼓，以及生活、學習中開心時光的照片。

我認真閱讀那篇報導，感觸良多。想想天恩媽媽那麼用心地帶孩子遠赴香港和上海求醫，為了希望天恩有天能走路而日日操作功課復健，卻不敢喊累的堅持……她把自己的一切心思都放在天恩身上，我真的以這些家長為榮，但也為他們的辛勞和執著苦笑。突然間，我想到：阿娟小時候也和天恩一樣可愛，身體肌肉時軟時硬，雖然我不確定她們智商相差多少，但可以確定的是，天恩三十歲時可能也無法走路，她的頸部是否能比現在更挺直？我不敢論斷，但她們是同一類型的腦性麻痺兒，狀況應該極為相似。

沒想到，天恩媽媽緊張地問我：「妳說天恩跟阿娟一樣？天恩長大會這個樣子嗎？不會吧……」

「我只是說，她們都是混和型重度腦性麻痺兒，未來的學習之路不輕鬆；但是今日台灣的療育環境比三十年前好太多了，我們不需要移民了，除非你們想移居到台灣？」我有點懊惱自己說得太快，卻又不能畫大餅給天恩媽媽。

從她疑惑的神情，我知道這次的拜訪只能讓彼此更熟悉，要撼動天恩媽媽的理念與現狀，坦白說我還辦不到。但回頭想想，其實也無須急著改變她的堅持，因為每個人有自己的信仰、有自己的苦要受、有自己的生活要體驗，這過程需要走多久沒有一定的標準，什麼事件或哪個人、哪句話才是「壓倒駱駝的最後那根稻草」，只有上帝才知道。

告別天恩一家人，我懷著複雜的心情踏上返台之路，腦中不禁浮起「情字這條路」的旋律，在可憐下父母心之餘，我對離島地區醫療專業的匱乏與不精進，感到有些惱怒和無奈。

【註一】 Vojta 治療又稱 Vojta 誘導療法，是德國學者輔以達（Vojta）博士總結創造，利用反射性俯爬與反射性翻身，組成一種誘導出反射性移動運動的促進治療手法。輔以達報告二〇七例腦性麻痺兒在經過治療訓練後，有一九九名（96％）達到正常化，因此他斷言，腦性麻痺經過早期診斷和訓練是可以治療的，這引起醫學界的震驚。Vojta 療法應用範圍極廣，從新生兒到年長兒童都可以利用，尤其適用於早期治療。

07

只有黑暗明白我的心

二〇〇六年五月，我出了第一本書《慢飛天使：我與舒安的20年早療歲月》；六月時，我帶著新書到台東早療中心與家長一同分享。那是一個以「慢飛天使家長聯誼活動」為號召的講座，當天大約來了將近二十位家長，清一色都是媽媽。我發現在座的家長中，有一位年紀看起較年長的婦女，依過去的經驗，這個年齡的婦女可能是孩子的祖母或外婆，而且從外表看來，她是一位來自農村家庭的尋常主婦。

整個座談會在熱烈討論中結束，但這位年長婦女只是安靜地聽著，於是我刻意詢問她，小孩屬於那個障礙類別？

「醫師說是唐氏症。」她這麼答。

「是妳的小孩嗎？孩子多大了？」

「嗯，四歲半。」她點頭，露出靦覥的笑容。

「哦？那妳很晚婚吧？」我故意追問。

「不是，我四十二歲才生她，最大的孩子已經十九歲了。」

原來她是高齡產婦。

十幾年前，台灣就開始施行高齡產婦唐氏症篩檢，以及羊膜穿刺檢查的優生政策。針對這樣的篩檢政策，我曾和一位醫師有過辯論，起因於我在演講中分享三個唐氏症家庭的故事，肯定這些母親在接受羊膜穿刺檢查，得知胎兒是唐氏症後，卻依然選擇生下來的感人故事。其中兩個家庭是出自於宗教因素，讓他們決定把孩子生下來，另一個媽媽則是評估家庭經濟與夫妻的教養能力後，選擇讓孩子出世。這種事先就知道胎兒是唐氏症的父母，他們的想法比較正向，也會以積極的態度教養孩子，並接受早期療育的服務。

然而這幾個案例，卻讓那位醫師很不以為然。他對我說：「接受侵入性的羊膜穿刺檢查，目的就是要得知胎兒是否有先天缺陷，並能及時做人工流產，既然孕婦決定無論是不是唐氏症都要生，又何必浪費醫療資源，做這種有危險性的羊膜穿刺

檢查？」

「這意義不一樣呀！不知道胎兒有問題而懷著夢想生寶寶，和明知胎兒有問題卻提早準備，這是完全不同的心態，一個有選擇，一個沒有，這是非常不同的心路歷程。」我如此回應醫師，不管他是否認同，因為那三位媽媽是這樣告訴我的。

走過黑暗，迎向希望

話說回來，自從和台東這位高齡媽媽初次見面後，我便頗掛念她的狀況，於是主動詢問責任區社工同仁關於這位家長的事。

「喔，妳問小彩的媽媽呀？我一定要跟妳講這個媽媽的故事⋯⋯」社工同仁熱心地敘述：「小彩的媽媽是社會局兒童保護轉來的個案，這個媽媽前年到醫院檢查時，診斷出得了乳癌，醫師告訴她必須立即動手術切除，於是她聽從醫師的安排，當天就住院，等開完刀回家後就臥床療養。可是她先生是開長途大卡車的司機，一出去就是兩、三天才回家，其他兩個孩子也在外地讀高中，只有她和這個唐氏症孩子在家。

或許是乳癌和這個孩子的關係，這個媽媽竟然像得了憂鬱症似的，把自己關在家裡不和鄰居往來，對小孩也不理不睬。鄰居聽到孩子哭，卻沒聽到媽媽安撫的聲音，於是上門表示關心，但她也不開門，鄰居只好向社會局報案，由社工員和警察撬開她家大門。聽一位兒保社工說，他們一進小彩家就嚇了一大跳，因為她用舊報紙封住家裡所有的門窗，完全不透風，室內一片漆黑，只見媽媽無精打采地躺在床上，孩子也躺在一旁餓得奄奄一息，所以縣府社工員強制介入。因為這孩子是唐氏症，因此轉介到我們早療中心來。」

聽完事情的來龍去脈，我著實感到心疼不已，再想起小彩媽媽靦覥的表情，直覺告訴我，要對這位家長特別用心，給予愛、關懷與陪伴。幸好我這位同仁很有耐心又具備專業技巧，經過八個月的家訪關懷，並安排特教老師到宅療育後，小彩媽媽已非常信賴早療社工了。

因信賴而吐露心聲

第二次見到小彩媽媽，是兩個月後的事。當時台東早療中心正式成立家長聯誼

會，小彩媽媽也在家長團體中出現，讓我不禁心中暗喜，並在家長團體的進行過程中謹慎地引導她開口說話，讓她覺得有被關照到。第三次見面時，小彩媽媽開始願意主動發言，其他媽媽也會回應她一些教養上的心得，我看出她已經建立起對團體的信賴感，於是試著引導她分享自己的心路歷程。當小彩媽媽說明為何把家裡的門窗全用報紙封住時，她說：「我覺得只有黑暗能明白我的心情！」她忍不住流下淚來，我們也陪著她紅了眼眶。

三年前歲末，我到台東辦事處出席一項早療感恩茶會，意外碰到小彩和她媽媽。這時小彩已就讀小學一年級，會跑會跳，也會和我對話，長得十分可愛；小彩媽媽看到我也很開心，因為我們台東「家長聯誼會」的熱情家長們，三不五時就會打電話關心她，社工也幫小彩找到適合就讀的融合幼稚園，這些幫助讓小彩媽媽的心打開了，看起來也變得精神抖擻，而且她還告訴我，非常感謝大家的愛心。

當天她特地來辦事處參加小彩的頒獎典禮，我目送著她們母女遠去的背影，心中滿是喜悅和溫暖。

撫平創傷，享受為人母的喜悅

小彩媽媽的故事，讓我想起一位好朋友，她也有個唐氏症女兒。在懷孕的過程中，他們夫妻用筆和相機記錄一切，直到媽媽準備進產房前，兩人還滿懷著期待與「笑一個，拍照留念」的天真，準備當一對幸福的爸媽。

孩子出生後第三天，負責接生的產科醫師要他們去門診聽報告。一進診間，只見醫師雙手抱胸，把靠背椅子往後滑開，一派輕鬆地對他們說：「你們的孩子是唐氏症。」

「什麼？你說孩子是什麼症？」夫妻倆滿臉疑惑和驚訝。

「唐氏症啦！你們知道什麼是唐氏症嗎？如果不清楚，我叫護士跟你們解釋，好，就這樣。陳護士，妳跟他們解釋一下狀況。」醫師用一副事不關己的口吻暗示報告時間已經結束，完全沒有絲毫關懷的同理心。

事隔十幾年，當我這位朋友回憶起這幕景象時，仍舊悲憤不已。她說：「我永遠無法原諒那位醫師的冷漠和無情態度！唐氏症對他而言只是一種症狀，但對父母而言卻是晴天霹靂的打擊，那不僅代表孩子的智能有問題，也代表我們的夢想幻

滅！」

不僅如此，那位醫師和醫院對孕婦的態度之草率，不僅在產檢時沒發現任何會生出唐氏症兒的跡象，產後的告知也完全缺乏同理心，讓我這位朋友備受打擊與傷害。有很長一段時間，她沒辦法從那家醫院前經過，即使可能路過，她也會刻意繞道，不想再看見那令她憤恨與傷心的醫院。朋友的情緒性反應，在學理上稱為「急性情緒危機」（acute emotional crisis），可是當時沒有人關注她內心的反應和變化。

這位朋友的遭遇，促使我的碩士論文主要探討台灣兒童發展聯合評估中心的評估模式，並以家長的觀點檢視醫師與治療師如何「告知」孩子診斷的結果。當時我這位朋友不是高齡產婦，醫生也不曾提及，因此她沒有做唐氏症篩檢，所以心中根本不曾浮現「唐氏症兒」這幾個字。

極低體重的早產兒或身體有重大先天缺陷的孩子，他們的出生對父母而言都是一種打擊和夢魘。有些產婦在坐月子時，因為孩子的這些疾病或缺陷而遭受極大心理創傷，這已成為普遍的現象，許多護理人員也做過不少研究，證實產婦在生下體重過輕的早產兒或有先天缺陷的嬰兒後，由於這些新生兒需要住保溫箱或加護病房，母親無法看見或照顧孩子，便會產生極度焦慮與自責等負面情緒，也就是出現所謂的「急性情緒危機」。因此，目前一些大型醫院的婦產科醫護人員會立即轉介臨床心理師或社工師，安撫產婦或其家庭。

我不確定小彩的媽媽是否也有產後憂鬱症，但我這位生下唐氏症兒的朋友傷心極了！她在文章裡這麼寫著：「我不言不語，整天以淚洗面，睡不著也吃不下，整個人像遊魂似的把自己關在房間，聽著『末代皇帝』的配樂。有一天，外甥女問我為何整天反覆播放這卷音樂帶？我告訴她，因為我的心很悲傷，只有這些音樂懂我的心情……」

幸好，雖然我這位朋友無比失落，但是看著孩子天真無邪的臉，她擦乾眼淚，在女兒七個月大時開始讓她接受早期療育。為了孩子的早療，她真是費盡苦心，不但依照治療師與專家的指示配合家庭作業，還仔細記錄孩子的成長。隨著孩子一天天長大，唐氏症兒貼心又嘴甜的特性彌補了她的心靈創傷，也讓她享受到為人母的甜美滋味。

每次我打電話給這位朋友時，她那可愛的女兒都會主動和我聊天、說些關心我的話語，逗得我呵呵笑！如今她念完高職特教班，在一家庇護性餐廳工作，每天自己搭公車上下班，賺的錢還會存下來。朋友說要幫女兒買一台iPad II，我說：「真是太酷了！我們早療培養出來的孩子會玩最新科技呢！」

俗話說「一枝草、一點露」，意即上天有好生之德，只要父母不放棄，每個生命都能在這塊土地上生養。我們可以選擇讓「疑似唐氏症」的孩子沒有機會來人間報到，這不但能減輕父母受的苦，身心障礙者的人數也不會因此增加；但是對母親來說，那是她身上的一塊肉、夢想的一部分，不論是悲是喜，既然孩子出生了，正向的教養才是唯一的出路。就讓唐氏症兒的笑容和貼心的話打開母親那扇緊閉的心門吧！整個社會與社工人員也要成為友善的支持力量，這樣才會形成人間美善的循環。

08

唯有愛能修補決裂的親情

二〇〇九年元月，我奮力把工作與一堆雜事甩開，跟著朋友前往日本旅遊。在旅途中，同行者都形容我是天天笑嘻嘻的人，事實上也沒錯！我的確是臉上有笑容，心裡也很開心，感覺整個人連五臟六腑都在開懷大笑，可見這趟旅行我有多麼的徹底放鬆！

在那些天裡，與我同寢室的是一位太太。她的外型和我差不多，年齡長我一歲，個性非常親切、健談，加上同為南部人，因此我們在旅途中相處得自在又愉快。這位太太告訴我許多自己的成長背景，和婚後自組家庭的狀況，我這才知道她曾留學美國，也擁有美國會計師執照。三十年前，能出國留學的人其家境一定不差，所以她從小到大都過著優渥的生活。

這對夫妻育有一女一男，婚後隔年長女出生後，她便辭去工作，專心在家相

夫教子。兩個孩子中，女兒聰穎美麗；兒子剛退伍，便找到一個令人羨慕的高薪工作。總之，我覺得她真是一個好命的女人。

旅途中，我聽她講了好幾次家人的狀況，心中有羨慕、有祝福，也有一絲納悶：眼前這個女人如此順心如意，為何臉上隱約帶著一份掛念？我曾暗自推測，到底她是選擇性的分享，還是幸福對她而言已是稀鬆平常？

我心中存疑，但也不想追問太多，畢竟每個人都有心裡想保留的事，就像我告訴她我有兩個女兒時，也沒有提到小女兒舒安是殘障兒，因為我覺得，大家出來玩，在旅程中偶遇，沒必要說些沉重的事讓人掃興吧？而且假期結束後，彼此又將各奔東西。

好命女人心中的痛

度假接近尾聲的傍晚，泡完湯，我感覺整個人很放鬆，她卻腸胃有點不適，於是請我幫她刮痧，刮著刮著，沒想到她突然對我說：「其實，我沒有告訴妳關於我女兒的事……」

她閉著眼睛，陷入短暫的沉思及痛苦中。

「我的女兒從小就讓我操心和頭痛，我們很愛她、疼她，她也很聰明，長得很好看，可是她就是一直覺得自己醜死了！她非常叛逆，很不聽話……」她閉著眼睛幽幽地說，我一邊安靜聽著，一邊想著這就是了，一個人不可能事事順心圓滿，老天爺不可能把一切的好事都給某人，把一切的惡全降臨在某人身上。

「我這女兒已經離家失蹤兩年多了，她故意失聯，我們也不知道她現在狀況如何。快過年了，今年過年肯定又要少了她……唉，我真不知道我們哪裡做錯了？我們非常愛她，也答應她許多要求，好比讓她大學就去英國留學，一去五年多，也不讓我們知道她在英國到底念得怎麼樣。每次我們想去英國看她，一定會被她拒絕，後來我們不理她，硬是去英國想把她押回來，結果到了英國才知道她一直騙我們，其實她只念了不到兩年的書，我們夫妻真的快被她氣死了！前後花掉我們好多積蓄，卻連大學文憑也沒有。」

她閉著眼睛講得心灰意冷，語調很慢又無奈，我則聽得目瞪口呆。

「她從小就愛和弟弟計較跟吵架，我一直當和事佬，但她就是不領情，還經常

說我最偏心、最醜，搞不懂像我這樣醜的女人，她爸爸為什麼還要娶我！這孩子經常這樣傷我的心，故意激怒我，聽不進別人的好意……總之，她是一個很自我、很自私的人，我被她折磨到快要崩潰了。現在她爸爸跟我這麼說，就當作沒生過這個孩子吧，我也只能這樣了，可是每當想起她不知是生是死，我的心還是會揪在一起的難過……」

天下父母心，難怪我看她臉上的笑容跟我不一樣，也因此對她深感同情和悲憫。

「請問，妳這個女兒小時候有沒有什麼地方不一樣？」

我的職業直覺告訴我，這孩子可能有些異常。

「她很小的時候，我就覺得她很沒有同理心，覺得她怪怪的，可是就不知怪在哪裡。我曾經帶她到兒童心理衛生中心檢查，醫生說沒問題，托兒所的老師也說她沒有問題，只提醒我們包容她。所以我只好放棄優渥待遇的工作，在家照顧她。這二十幾年來我們都在包容她，可是她做的事讓我們越來越傷心，讓我們不想再包容她了。」

「妳有沒有聽過『亞斯伯格症』？我知道有這種特質的人，他們的行為表現會像妳女兒這樣，或許妳女兒就是亞斯伯格症。」我大膽假設，因為我看過《看我的眼睛》（*Look Me in the Eye*）這本書，作者在書中描述自己成長的心路歷程，那情況和她女兒有些許相似處，所以我才這樣說。

「不是，我問過幼教老師，她說不是。我也不知道女兒在想什麼？」她肯定地回答，讓我一時啞口無言，不過我還是不放棄地說：「我這樣說的目的，是想讓妳了解，倘若妳女兒真的是『亞斯的孩子』，那她的行為表現很『正常』，是你們不了解她，錯怪了她。她其實也很痛苦，她也希望家人可以接納她，但她覺得連你們都容不下她了。」

「那妳告訴我，『亞斯伯格症』會有哪些特質？為什麼需要被人接納？」

「『亞斯伯格症』不是病，而是一種行為特徵，有這種特質的人缺乏同理心，比較自我中心，他們腦袋裡想的事和我們不太一樣，他們有自己的邏輯和思考模式。由於他們在溝通或某些表現上不容易和一般人對焦，所以常會因誤解而造成衝突，事後他們也會懊惱、痛苦，可是很多人不了解他們，反而誤解他們，所以這些

年來，大家開始留意這群『亞斯伯格症』的孩子。這樣吧，我回台灣後寄那本書給妳看，再寄一些『亞斯伯格症』的資料給妳參考，希望能幫助妳打開心結，這孩子會變成這樣絕對不是妳的錯，你們很愛她，她對父母也是又愛又氣。我希望你們可以因為理解對方而化解對立。」我這樣安慰她。

真相大白

結束了日本的假期，回到工作崗位的我立刻寄給她那本《看我的眼睛》和一些相關資料。日子就這樣在忙碌中過了半個多月，有一天，我突然接到她的電話：「美瑗，我告訴妳，妳借我的那本書我才看幾頁就被嚇著了，書裡寫得簡直跟我女兒的狀況一模一樣，真是讓我難以置信！」我鬆了一口氣，慶幸真相即將大白。

又過一陣子，她打電話約我在台北見面。一見面，她就跟我說：「前幾天，我特地請教精神科醫師，描述我女兒的狀況，說不到十分鐘，醫師就對我們說『亞斯伯格症』的人就是這個樣子，那不是病，只是他們特質的一部分……聽到『亞斯伯格症』這個詞，我當場嚇呆了，沒想到連醫師都這樣說！」

我聽了莞爾一笑，接著便追問接下來他們打算怎麼做？

她告訴我女兒願意收她的簡訊，所以她就每天發簡訊給女兒，告訴她「我們仍然很愛妳，請多保重，請妳跟我們聯繫」之類的話。我猛點頭表示支持，相信決裂的親情只有愛能修補。

談到亞斯伯格症（Asperger syndrome），它和自閉症不同，雖然先前亞斯伯格症被列為高功能自閉症，但它和高功能自閉症（Autism）最大的差別，在於亞斯伯格症患者有強烈的動機想交朋友、智力正常、口語能力很好，甚至會滔滔不絕地搶著出風頭！可是他們的「語用」很差，也就是講話品質不好，換言之他們不擅於閱讀社會性線索，例如不善拿捏別人的面部表情、肢體語言，所以常會漏掉或弄錯訊息中的重要關鍵。此外，他們只能理解語言文字的表面意思，聽不懂弦外之音或反諷的話，對所謂的「人際之間的社會性線索」也摸不著邊，只會一味地「我思、我在、我言」，因此他們經常被形容是「自私自利的傢伙」。

相反地，自閉症患者多半只會重覆性的「鸚鵡式」語言，不太能與人對話，也比較缺乏和人交往的動機，他們的講話方式較機械式，而且說話時幾乎不看人。此

外，除了人際互動上有所差異，亞斯伯格症和自閉症患者的外表與動作也不同。

高社經地位家庭的無奈

二〇〇九年的農曆春節前，她打電話告訴我一個好消息：她們收到女兒的信，說她大年初二會跟著回南部鄉下過年。

她一則以喜，一則以憂。兩年沒碰面的孩子終於要回家過年了，她的心裡當然高興，但這孩子卻交代，絕對不可以問這年來她在做什麼。這讓她的心裡一陣忐忑，免不了又開始胡思亂想，另外也擔心女兒會在家族面前讓她丟臉。

但孩子願意回來總是好事，我告訴她：「就依照孩子的約定別問，先接納她的一切，讓她覺得父母真的依然愛她。既然已經知道她有亞斯伯格症，父母就要改變自己的認知去接納孩子。」

幾個月過去，我們再度碰面時，她告訴我女兒願意和爸媽每個月在外面碰一次面，由於發球權在女兒手上，做父母的只能接受。到了最近，她在電話中說女兒有一份「正常」的工作了，這個工作有勞健保，讓她比較放心。天下父母心，孩子即便長大成人，還是不免牽掛著，她接著說：「鄰居在問女兒的事時，我們都不知道如何回答，別人心裡不知做何感想？」

我懂她的無奈，許多高社經地位的家庭在孩子有狀況時不敢公開，選擇遮掩真相，但如此一來，反而失去了鄰居組成的支持系統。過去一位社工界前輩跟我說：「我們是不是可以針對『高社經地位家庭』做心理支持團體服務？」我當時還有點納悶，為什麼要這麼做？後來，我逐漸聽到一些高社經地位家庭的故事，他們盡量低調、單槍匹馬地為孩子找資源、做療育，對其辛酸真是心有戚戚焉，果然家家有本難念的經。

最近我認識一位朋友的親戚，他從名片得知我在從事發展遲緩兒童的早療工作時，立刻眼睛一亮，開始詢問一些早療資源的事，還問我有關高功能自閉症和亞斯伯格症方面的知識。我直覺他有這方面的需求，於是輕聲跟他說若有想要進一步了解的事，可以打電話到我辦公室或寫電子郵件給我。

幾天後，我果然收到他的來信，原來他的大兒子今年七歲，上個月被診斷為亞斯伯格症，而且上網查詢相關資料後，他才發現連自己的太太也是亞斯伯格症，這

對他造成很大的衝擊，不知該如何面對這樣的結果？他是企業家第二代，在留學美國期間結識妻子，當時他只覺得太太很有主見，即便結婚後妻子和他的母親有許多歧見與衝突，他也以為是文化差異造成的問題，但和醫師會談後，才證實妻子有亞斯伯格症特質。妻兒的狀況讓他感到焦慮，特別是孩子過完夏天即將入小學，他擔心孩子會出現人際和適應的問題，所以想知道在打拚事業之餘，他該如何因應孩子的學習問題？

看完他的信，我的腦中浮起幾年前某次演講的記憶。那場演講的聽眾不多，所以我對台下每張臉都有印象，在演講結束後，一位戴著帽子並把帽緣壓得低低的中年男子趨前攔住我問問題，我已不記得他問了我什麼，卻仍記得他謹慎小心說話的樣子，深怕被別人發現他也來聽我演講。後來他才告訴我，他是皮膚科醫師，家裡有兩個兒子，一位是高功能自閉症，一位是亞斯伯格症，他每天被這兩個孩子搞得頭昏眼花。

我關心地詢問他太太的情緒狀況，不料他卻回答：「我太太也有自閉症，她好像對這一切視而不見，我們之間無法溝通，她也拒絕別人的關心和介入，我拿她沒辦法，而且她也是一個醫師！我們家真是一團亂，我快要受不了啦，這個家簡直不是人可以生活下去的地方！」

看著他痛苦的表情，看著他的無奈和憤怒，我一時也不知所措，只能點頭表示我能理解他的遭遇。這件事一直在我腦中盤旋，有時我會想，老天爺真是捉弄人，夫妻都是醫師的家庭多羨煞人呀，但關起門來，家中竟然是這樣的狀況。是社會大眾的刻板印象讓他們羞於求援？還是因為知識份子的傲慢，讓他們不願詢問小小社工員關於早療或特殊教育的訊息呢？

有位在博客經營關懷自閉症和亞斯網站的站長是我的好友，這些年來，她在與我聊天時也多次感慨地說道：「我們的會員中有許多是教授家庭，他們的太太私下會無奈又自嘲地說：『原來我老公也是高功能自閉症』或說『他也是亞斯的人！』有的太太還直言，她覺得家裡的公公婆婆根本也有亞斯伯格症特質。」

正向、積極的力量

上週，我在報上看到一篇關於自閉症的報導，內容是美國一項研究證實，若家

有自閉症孩子，其手足出現自閉症的比例是一般人的三．二倍，不少家庭生了兩個孩子，結果兩個都是自閉症，或一個是自閉症、另一個是亞斯伯格症。這樣的家庭即便擁有高社經地位，孩子的困擾行為還是需要處理和協助，倘若家長礙於自尊而不願接受社工介入，或不想讓專業人員協助，可想而知單靠自己摸索來迎戰孩子的種種問題有多辛苦。

在早療領域服務快二十年了，我越來越覺得任何一個閃失都可能造成生命的變異，只有正向、坦誠地面對，讓現有的資源與支持系統來引路，個人才可以早日脫離苦海。這幾天，那位在日本旅遊結識的朋友告訴我，在得知女兒是亞斯伯格症後，她調整了心態，也調整了母女關係，整個家庭開始重新接納這個孩子，大家心裡的壓力不再那麼大了；但是她看不出女兒的心情有多大改善，因為女兒在電話裡向他們表示自己有憂鬱症，面對工作和生活很不起勁，人際關係也很糟。

她憂心忡忡地訴說著，我能懂她的牽掛和無奈，孩子有亞斯特質，別說是家人弄不清楚她的意思，和別人的互動更不可能輕鬆如意。我只能安慰她：「你們要多給女兒支持，鼓勵她去看精神科醫師，幫忙她找臨床心理師輔導，這些問題還是需要專業的人來協助她。」

「有呀！我都會上網尋找相關的資訊，也會打電話給那些心理師的診所，但他們都說目前排不進來，都要等。怎麼會有這麼多人需要看心理師？而且我問過了，價錢不便宜。」

「對呀！我知道你們可能需要等，因為台灣目前很缺諮商輔導和臨床心理師，連台北都缺了，何況我們花東地區？所以妳要再積極一些，主動和對方保持聯繫，這樣人家一有空，就會優先通知你們。」我這樣建議。

朋友黯然地掛斷電話，我又想起她難以開懷的臉龐、想起我們在日本的旅遊時光，我只能衷心祝福她，希望下次我們再去旅行時，她能露出燦爛無比的笑容。

09 落地生根的油麻菜籽

二〇一一年的中秋節前一週，我到台北出差，回程剛好碰到週日，便和家人約好在台北火車站碰面，再一起返回花蓮。

大約傍晚五點時，整個台北火車站人潮洶湧，充滿活力、人聲嘈雜，但耳朵聽到的竟是不熟悉的外語。當我環顧四周，尋找家人蹤影時，視線幾乎全被來自東南亞的外籍面孔遮蔽，頓時讓人誤以為身在國外。

我和家人會合後，走上二樓的微風廣場，希望能找回身在台灣的感覺，但餐廳或商店裡同樣有許多外籍人士在消費，他們自在地有說有笑，和一樓車站大廳周邊那些外籍朋友差不多。假日的台北火車站已成為東南亞籍外籍勞工聚會的地方，也是他們尋求社會網絡、彼此相互取暖之處，這現象已經有好多年了，不少碩士生或學者曾在這裡完成他們對「移工」（migrant Domestics）的研究，其中藍佩嘉是佼佼者，她寫的《跨國灰姑娘》是社工必讀的參考書。

我個人對外籍勞工或新移民女性的印象很好，一來是受外籍看護阿玲照顧年邁父母和女兒的影響，二來是我工作上常與外籍配偶互動，非常同情她們的身世和處境。所以看到這些東南亞外籍勞工時，我不但不會迴避，還覺得很親切，只是一時看到為數眾多的外籍勞工出現在眼前，仍不免驚呼「國際移民潮」正在台灣上演中。

推拉理論與交換理論

自從一九九四年「南向政策」開放台商前往東南亞投資，以及台灣男性迎娶東南亞女性為妻的狀況日益普遍後，這十年來，台灣每九個新生兒中，就有一個是外籍配偶生的「新台灣之子」。學術上指的「移民」多是根據推拉理論（Push-pull Theory）之說，也就是說移民者是經過自我選擇與決定而遠走他國，而他國也需要或歡迎他們前來增加生產力；但台灣這十七年來，除了外籍勞工比較符合推拉理論，嫁來台灣的東南亞婦女反而比較像「交換理論」（Exchange Theory）中被稱為「外籍配偶」的一群。

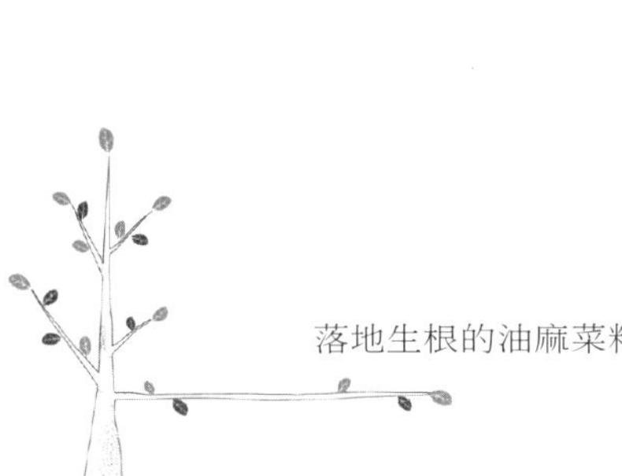

交換理論是指雙方會衡量報酬和成本，目的在保持互動的穩定與愉快，而且這種交換是持續的。交換理論是霍曼斯（Homans）在一九七三年提出的互動性觀點，可是台灣的外籍配偶大都處於被動和無奈的交易處境，她們被貼上負面標籤地生存在台灣這塊土地上，而且還受到台灣人的「種族主義」或「種族化」的鄙視。幸好學界及社福團體大聲疾呼，以華人傳統文化中的惻隱之心為情感訴求，以「新台灣之子」將是未來台灣生產力的中流砥柱為由，讓國人逐漸接納這些為數眾多的「新移民女性」是台灣媳婦。

俗話說「落地生根，日久他鄉即故鄉」，有些新移民女性嫁來台灣已超過十五年，經過時間磨練，她們已能融入社會，生活適應良好，但對新來乍到的新移民女性來說，仍有很多需要適應的部分，首當其衝的便是要克服語言溝通的障礙，其次是婆媳或家人的互動和挑戰，緊接著是親職教育能力的檢驗，最後還有社會人際網絡的突破與開展……每當看見包著頭巾在田裡揮汗工作的外籍新娘，或是在市場忙著賣菜、幫人收碗盤的新移民女性，我的腦海便會浮現「油麻菜籽」這幾個字，同時感到無限的憐惜及敬佩。

阿蘭就是一位來自越南的油麻菜籽。她長得很美，像許多越南女孩一樣擁有白皙的皮膚、細緻的五官和堅毅的神色。十二年前，她聽從表妹的建議，嫁給表妹那位台灣籍丈夫的朋友，於是她從南越湄公河畔來到台灣，隨著丈夫從台北搭火車到台中，再從干城車站搭巴士抵達埔里，然後輾轉搭乘計程車來到往清靜農場的一個小部落。

當她看到自己竟然來到一個全然陌生、又比自己家鄉還落伍的地方時，阿蘭忍不住哭了，幸好陪同前來夫家的表妹一直安慰她南投是個好地方、老公是好人、會疼她才重要……阿蘭聽從表妹的話，慢慢適應了台灣的生活，可是一直很難和婆婆建立良好的互動關係。老公在山的另一頭工作，兩天才回一次家，阿蘭卻要天天與婆婆及愛批評她的小姑相處；想到遠在越南的幸福原生家庭和十個相親相愛的手足時，阿蘭便常暗自流淚。

提早報到的天使

結婚三年後，阿蘭好不容易懷孕了，丈夫和婆婆自然很高興，覺得這個媳婦沒

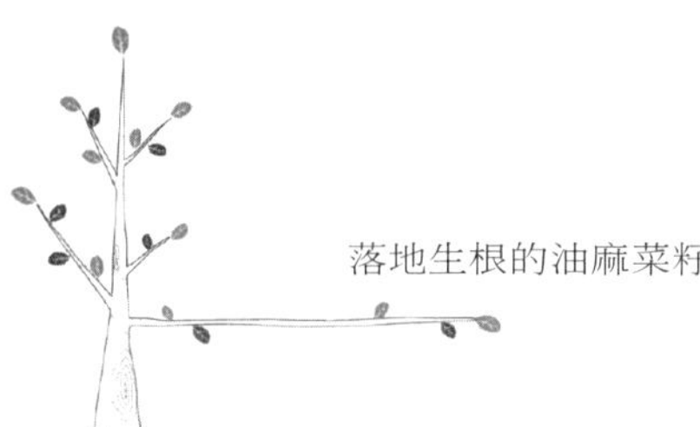

有辜負他們的期待，終於能為這個家傳宗接代了。

阿蘭的家前不著村、後不著店，距離國姓鄉有半小時車程，距離埔里鎮約五十分鐘路程，於是身懷六甲的阿蘭選擇在國姓鄉做產檢，因此她認為生產也該到國姓鄉的醫院。然而，孩子卻在預產期前提早報到，半夜裡，阿蘭突然羊水破了，家人七手八腳送她去醫院時，直接送去做產檢的醫院，而沒有考慮到或許改送去埔里或台中市的大醫院對提早破水的產婦較有保障。

「這一切都是命吧。」阿蘭這樣告訴我。

女人生產就像一場用生命下注的賭局，雖然醫學進步，女人可以自然生或剖腹產，可是當胎兒不配合、早產或產程發生意外時，對產婦而言都是攸關生死的拔河。

「我羊水破了，心裡害怕得要命，我老公開著車拚命往前衝，我按壓著肚子，深怕孩子生在車子裡，我一直憋著氣、忍著痛……最後我們終於趕到醫院掛急診開刀，可是孩子在產道裡悶太久，醫師說孩子缺氧，所以小哲就變成腦性麻痺兒。我也沒辦法，我也不是故意的……」阿蘭的聲音有點哽咽。

二〇〇九年，我在某醫院接受碩士班實習，因此每週都會見到阿蘭和小哲，那孩子有一對早熟的眼睛，不笑時顯得很憂鬱。阿蘭每次到物理治療室後，就把小哲放到軟墊上，然後打開櫃子拿綁腳的護木【註一】，小哲會認命地躺下，讓媽媽綁好護木並張開雙腿。阿蘭在他的兩腿中間放入一張矩形的矮木凳，木凳上再放一個操作玩具，讓小哲可以一邊玩一邊拉筋，但每次拉筋時小哲都會哭，阿蘭不是硬著心腸不答腔，就是對孩子說：「不要哭，有什麼好哭的！」

我在一旁看著阿蘭熟練的動作和她們母子的互動，正感到不捨時，淚眼汪汪的小哲把頭一撇，正好和我對望。

眼前這一幕，阿蘭和小哲已經重複上演了六年。從小哲兩歲多開始，阿蘭就背著他等一、兩個小時才經過一班的巴士，下車後走上大約二十分鐘才會到醫院的兒童復健中心，這樣來回一趟再加上復健，每次要耗費兩個半小時，等於花掉半天的時間。阿蘭每次一來就是滿身汗，小哲趴在媽媽沁濕的背上，前面的衣服也是濕的，可能是長期這樣折騰，加上拉筋和復健的疼痛，讓小哲看起來一臉憂鬱。

以阿蘭的情況來看，若有機車代步或許會好一點，可是就像許多嫁來台灣的東南亞籍婦女一樣，她們多半住在農村或偏鄉，極需機車代步，但由於不識中文，再

加上早期必須定居滿五年取得身分證後才能考駕照，所以步行成為她們主要的移動方式；幸好這些年來，各縣市或鄉鎮都有公辦或民間的非營利組織，為這些新移民女性開辦識字班、機車考照班與其他各種活動。

等阿蘭考到駕照後，她把一台老機車停放在巴士站附近，每次背小哲下了巴士後，就騎機車載孩子到醫院做復健。阿蘭堅毅的臉上帶著微笑地說：「現在比以前輕鬆多了，以前沒有駕照不能騎摩托車，每次背著孩子從巴士站走到醫院，夏天都快熱死了，滿身是汗！現在我把機車放在巴士站附近，下車後就可以直接騎過來。」

可是等他們回程下了巴士，阿蘭還是得默默地背著小哲，滿身大汗地走回家。或許心靈敏感的小哲除了自己身體復健不舒服外，更讓他憂愁的是媽媽要背他多久才能不再受累受苦吧？

在這家醫院實習的期間，我為五、六位腦性麻痺兒的媽媽組織一個教養支持團體，每月聚會兩次，加上一次的親子戶外旅遊。在陪伴她們的兩個多月中，我總共舉辦了五次團體聚會，因此對她們的故事也有更多的了解。阿蘭的國語講得不錯，也樂於和我們分享，只是生活範圍和節奏太侷限，使得她能分享的內容不夠豐富，但其他家長都很佩服阿蘭的精神，這樣長期背孩子來做復健的堅持，實在不是一般人能做到的。

身與心的療育和喘息

前年九月，小哲開始上國小念書。由於重度肢體障礙加上認知發展落後，小哲需要媽媽每天陪讀，但即便如此，阿蘭仍舊每週三下午背著小哲來做復健。雖然拉筋或走懸吊步態機這些復健動作，阿蘭在家也可以訓練小哲，但她覺得物理治療師和她已經像家人，這七、八年來，他們一路陪著她們母子走過來，提供阿蘭療育資訊、聽阿蘭分享內心的感受，因此做復健不僅是孩子生理上的需要，也讓阿蘭的心理和情緒得以喘息。她來「兒復中心」時，除了能順便看到其他家長、和幾位熟識的媽媽聊幾句，有時遇到福利補助的事也會問問我們社工同仁，這種種一切對阿蘭而言，都是重要的情緒支持。

看到阿蘭母子的身影，讓我回憶起十九年前住在台北縣三芝鄉的往事，當時我也是每週一次背著三歲的小女兒舒安、牽著五歲的大女兒搭上巴士，輾轉換三趟公

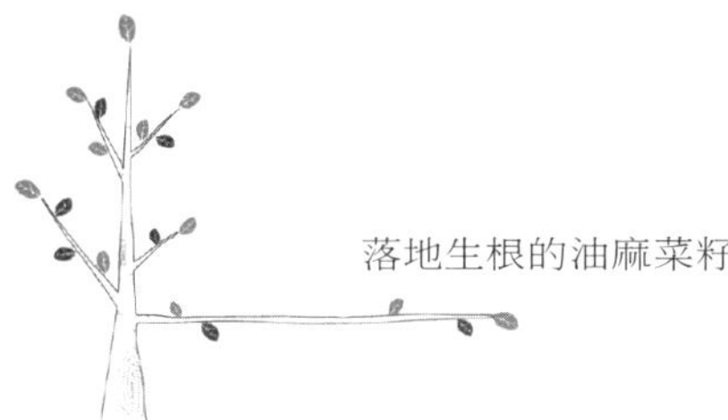

車到台北市永康街，讓舒安接受早期療育。我懂那份身體上的辛勞，也知道那種心理上的煎熬，但更苦的是心靈的孤單；那時根本沒有早期療育的福利和環境，我是台灣第一批正式搭上「早療列車」的家長，可是療育資源距離自家那麼遙遠，想要使用還得千里迢迢、風塵僕僕地方能親近。

也因為自己的親身遭遇，以及還有許多像阿蘭這樣的母親，讓我在有機會為家長爭取福利資源時，毅然決定在花蓮、台東和南投成立七個「兒童暨家庭資源社區據點」，目的就是希望能縮短媽媽帶孩子接受療育的路程，也能提供主要照顧者一個喘息的空間。

與世隔絕的外配

我們協會在這七個社區據點裡，有許多東南亞籍的新移民女性，她們在同仁熱誠地邀約下，經常帶著孩子前來，由同仁陪著讀繪本給孩子聽，或每週一次提供孩子學前特教或語言治療，讓這些新移民媽媽能就最近的社區據點，讓孩子接受早療服務；也由於這些據點的早期介入功能逐漸發揮，於是社會處也委託我們承接「外配社區據點」方案，讓早療社工就近關懷外籍配偶家庭。

二〇一〇年歲末，我們在水沙連社區據點舉辦感恩茶會，會中來了五位東南亞籍媽媽，其中一位特別讓人驚豔，並不是她長得特別美麗而令人眼睛一亮，而是她的故事讓人嘖嘖稱奇！

這位印尼籍的阿麗嫁來台灣已有十五年，當年她丈夫是跑遠洋漁船的漁工，和阿麗相識於印尼，後來兩人戀愛結婚。由於她的丈夫會講印尼話，所以阿麗嫁來台灣後兩人都以印尼話溝通，因此她幾乎不會講中文。農村生活簡單，加上阿麗個性內向、不愛交際，所以她深居簡出，只和丈夫及家人互動，就這樣默默在美麗的鄉下住了十幾年，因此雖然大家知道某人取了一位外籍配偶，但極少人有機會能和她講話，更別提互相往來了。後來阿麗之所以會曝光，是因為她的身分問題和女兒逾齡未入學，她那老實的老公不知道孩子沒上學是違法的，加上他又把一個外籍配偶「藏」在家裡，彷彿妻兒全都與世隔絕，這樣的新聞的確夠聳動！

經過「外配中心」的轉介，阿麗成為我們水沙連據點的輔導對象。那年的歲末感恩活動，阿麗特地做了印尼拿手菜來和大家分享，同仁則特別介紹我們認識。我

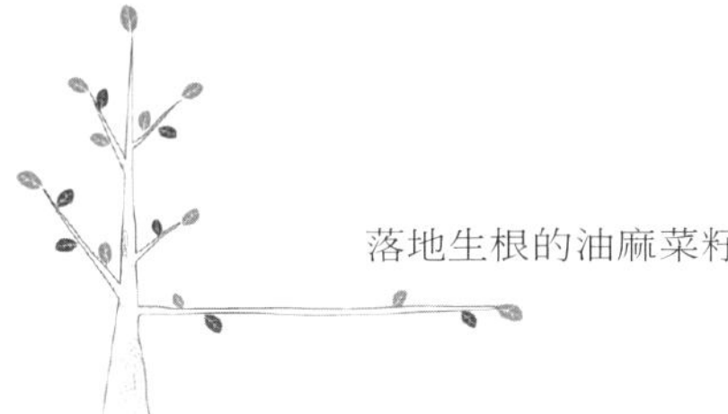

熱情地和她寒暄，還讚美她手藝好、東西好吃，阿麗開心極了，雖然中文還是不靈光，但她一直用笑容回應我的熱情。聚會結束前我想和她合照，她開心地和我與眾姊妹們拍照，這應該是她來台灣後與別人合拍最多照片的一次吧？照片中的阿麗笑得很美，她那深邃明亮的大眼睛、儉樸的外表、害羞時講不出中文的靦腆神情讓我久久難忘。

送走阿麗和這幾位外籍新移民媽媽後，我深深地祝福她們能愛上台灣這塊美麗的土地，願南投是她們真心喜愛的第二故鄉。

【註一】 護木（splint）是一種體外使用的輔助裝置，用於矯正神經、肌肉與骨骼系統構造與功能系統，對腦性麻痺或其他生理受傷者而言，是很重要的輔助器材，能協助或強化身體受傷者更容易操作日常生活的機能。關於輔具的相關資訊可以查閱「輔具之友」網站：http://repat.moi.gov.tw/09download/dow_c2_list.asp

10 邊緣的孩子，哪兒有陽光

某年夏天，一個颱風離開後，似乎暑氣也跟著颱風跑了，但這時辦公室故障的冷氣才開始換修。工人在我那小小的斗室裡忙碌著，不但電腦必須關機，我也無法安心工作，於是我走出辦公室，誰知一抬頭就差點撞到一位婦人。她一見我，劈頭就問：「賴小姐在嗎？我要找她講話！」

「他們正在開會。」我這麼回答。

「那我找妳可以嗎？妳跟她們是一樣的嗎？」這位婦人臉色嚴肅，聲調顫抖。

我示意她坐下來跟我談：「一樣什麼？妳要找她講什麼？先請坐呀。」

「我非常生氣！我變得好醜陋，妳知道嗎？我本來不是這樣的。醫院在孩子出生時，不是應該做篩檢嗎？為什麼讓我白受苦十幾年，才檢查出我的孩子有問題？」

「妳的孩子有什麼問題？他做了什麼檢查？」我必須先釐清問題的始末。

「他有過敏，很多東西不能吃，我卻一直逼他吃，逼得他越來越不肯吃東西，整個人瘦巴巴的像難民，可是我根本不知道他有過敏，這幾天醫師檢查出來才知道那麼嚴重。為什麼醫生不告訴我？我好生氣！」婦人一臉氣急敗壞。

「妳還是沒有告訴我，孩子除了不能吃一些食物外，醫師是什麼事沒告訴妳，讓妳生這麼大的氣？」我提醒她講出重點。

「我的孩子在學校闖禍，被老師和同學排斥，我們轉了兩、三間學校，他現在在一間私立小學讀四年級……」她依然憤恨不平，聲音高亢且有點哽咽，帶著一種我不熟悉的腔調。

「請妳慢慢說，妳的孩子怎麼啦？」

雖然她的孩子已經十一歲，不屬於早療服務範圍，但來者是客，而且我的信念是只要家長來求助，就是我的責任，於是我請同仁先遞上一杯茶，消消她的氣。

「我覺得很奇怪，你們不是應該去醫院宣導，要給新生孩子做血液篩檢嗎？我的孩子在大醫院生的，為什麼都沒有做『過敏的篩檢』？害我孩子吃到不該吃的東西！」

「台灣對於新生兒的篩檢有好幾項，像蠶豆症、B型肝炎，新生嬰兒不可能什麼病都事先篩檢，那樣花費會很大。妳的孩子是有蠶豆症嗎？」由於她一直提到吃什麼和不該吃，我猜想這孩子是不是蠶豆症。

「不是，他就是很不乖，很會頂嘴，從小就很愛爬上爬下，別人的孩子乖乖坐下來吃飯，他卻常常不肯吃，不然就是隨便碰別人。人家以為我沒有教他，我快被他氣死了！以前我很漂亮的，現在我好醜，我變得這麼醜都是他害的！」

聽到這些話，我心裡有數了，不過對她一再提及自己變醜，我倒是很好奇，於是試探地問：「妳說的『醜』，是指妳會罵孩子、打孩子，還是怎樣嗎？」

「對呀！只要我被我兒子搞得很生氣，就會罵他：『你去死啦！』結果他也這樣罵他的同學和老師，老師當然很生氣，學校經常找我去講話。我兒子不笨，檢查IQ有一二〇，可是就是不知道哪裡出問題，現在才知道原來是對食物過敏！為什麼醫師都沒告訴我？」

只要提到醫師或醫院，她的聲音就高半截，顯然她對醫療體系很不滿。「我知道了，妳兒子有過動傾向，也有人際互動的問題，對不對？通常有這種問題的小孩跟過敏不一定有關，醫學界還無法證實是吃了哪些食物，才讓孩子有過動症或注意力不集中的狀況。妳的兒子是偏食、胃口不好加上過動，所以妳覺得很難養，這跟篩檢或過敏沒有直接關係啦。」我試圖用簡單的說明，讓她了解狀況。

「我給他轉學，不給他讀那個學校了。現在讀這個私立學校好貴，我跟人家借錢繳學費，他爸爸很摳，都不給我錢，我要打工賺錢，還要管孩子，氣死了！他爸爸都說我不會教孩子，妳知道嗎，為了這孩子我們差點離婚，條子都打了，我就是不跟他離，我是大陸嫁過來的，他爸爸是老榮民，今年七十八歲了，他不工作也不給我錢，叫我怎麼生活呀？」她岔開了篩檢和過敏的話題，突然提起身家背景，雖然讓我有點錯愕，但也心中暗喜，這樣我就能多收集一些資訊了。

只想吐苦水

「喔？這樣呀！你們的觀念差很多吧？妳做什麼工作？」

「我過去是做衣服的，也當過老闆，很風光，以前很漂亮的，現在頭髮都白了，能不白嗎？我被這一老一小氣死了！」

她看起來大約四十來歲，估算嫁來台灣時應是三十出頭，和丈夫年齡差距少說也有三十好幾。這種「老少配」原本就不宜生孩子，但這一、二十年來，不少老榮民為了「傳宗接代」，偏要去大陸娶個年輕太太回來，最後卻常因生活不美滿而造成婚姻破局，擔任社工的我們碰過不少類似的案例。

「我的孩子是試管嬰兒，沒想到他還真折磨人。我想給他申請殘障手冊，醫師和市公所卻一直拖著不給，我好生氣，剛剛本來要去市公所找承辦人理論，後來想說先來你們這邊找人出出氣。我這一口氣不找人講，我很難受、很難受……謝謝妳呀，讓我講講話。」

我笑了笑，心裡納悶著她怎麼會知道要來我們協會找人吐苦水？「沒關係，不過我覺得妳的小孩可能不容易拿到身心障礙手冊，他的智力很高，他有學習上的困難嗎？例如數學不好，或國語文不行、不會寫字？」我試圖釐清問題。

「他聰明的很，數學很好，國語考九十分，會寫字但不好看。」她的表情沒有

一絲喜悅，只有滿腔怒氣。

「他有沒有做過評估，確診有過動或亞斯伯格症？」

「沒有，但是我們這次做過敏篩檢有這張報告。」她從皮包裡找出一份醫學中心的檢查證明，而且還把它貼在身心障礙手冊申請書上面。

這份檢查報告是小兒科醫師開的，病因寫著「有特定性發展障礙、有過動合併注意力缺失、對某些食物過敏、原發性皮膚炎……」看過之後，我立刻改口說：「有這份報告書，理論上應該可以拿到身心障礙手冊，但是這份手冊申請書上列出的疾病類別，沒有一項符合妳兒子的狀況。他是不是被列為『其他』項目？」

目前台灣的身心障礙手冊上已有「自閉症」這個類別，但仍然沒有亞斯伯格症、過動注意力缺失或情緒障礙，這的確讓人十分困擾，明明孩子有學習和適應的問題、有特殊教育需求，家長卻無法順利取得身心障礙手冊，或許這跟未來的ＩＣＦ（國際健康功能與身心障礙分類系統）【註一】中的「社會參與」有關，這樣家長才會比較容易接受。

「是妳一直申請不到孩子的手冊，還是妳不願意申請？妳的孩子在學校需要情緒障礙的巡迴輔導老師介入幫助，你們有這樣的輔導資源嗎？」

「我什麼都不懂，也沒有人告訴我，而且在大陸，我們也沒有這種東西。他的學費太貴，我聽說有手冊可以退費，可是精神科醫師說我兒子不是自閉症，不想開證明給我們，所以我又跑了兩間診所，但醫師也說不能開，要我們去大醫院掛復健科。去健科等半天，又說不是掛他們那個科……我真的很生氣！」

藏在無助下的憤怒

「沒錯，一般身心障礙手冊或發展遲緩只有精神科、小兒神經科和復健科可以開證明，妳的小孩如果不符合這三類，又沒有其他重大傷病，應該拿這些資料去掛精神科問醫師才對。」

於是我請同仁幫她預約掛號醫學中心的精神科，並協助她找一位了解兒童心智和發展的醫師。

原本我以為事情到此可以告一段落，正想送她下樓，但她似乎覺得和我談話很受用，便繼續向我求援：「我真的不知道要怎麼教我的孩子，還有他什麼都不能

吃，我要怎麼養？」

「沒那麼嚴重啦，妳的孩子很聰明，妳只要學一些方法，這樣在面對這種聰明但有行為問題的孩子時才不會束手無策。妳從來沒參加過親子講座嗎？還有，他對哪些食物過敏，妳現在都知道了，以後不要再給他吃就好。」

「我從來沒聽過什麼講座，妳教我吧！還有，這些東西他都不能吃……」她又從皮包裡掏出一份長長的過敏源篩檢報告，上面確認孩子不能吃蛋白、牛奶、大豆、小麥、花生和鱈魚等，還真多呢。而且，這些都是一般父母會給孩子吃的東西，難怪她會生氣、自責。「我的孩子偏食又挑嘴，最近他跟我吵著要喝啤酒，我可以給他喝嗎？」

「不可以！第一，啤酒是小麥做的，他會過敏；第二，他還未成年，不可以給小孩喝啤酒！」我開始懷疑她的教養能力。

「那我要不要給孩子零用錢？以前我都不給，後來覺得他可憐，就給他一次一千元，我有跟他說不可以亂買，結果他隔天就花光了，還不敢跟我說，後來才承認是在超市買『秒殺』的電動玩具，真是氣死我了！」

聽見她說的話，連我都想生氣了！但我仍然耐著性子跟她說：「妳不該一次給一千元，太多了。妳最好和孩子約定，如果他有好的表現或做到妳要他達成的事，妳會給他點數，累積到一定的點數數量，妳才會給他零用錢，這是獎勵制度，妳懂不懂『獎勵』的方法？」我開始好為人師起來。

「不懂，都沒有人教我。」她一副要我指導的耍賴模樣。

「妳都沒有朋友嗎？朋友之間都會討論這些呀，這是一般的教法。妳的孩子很聰明，妳應該可以和他協調出規矩。」我耐心地說。

「除了去打工，我什麼都不想學也不想看書，只想睡覺，也沒什麼朋友，有時候躺下去，眼淚就一直流，孩子的事讓我生氣時，眼淚更是流不停。我先生更自閉，他都不跟人家來往，也不給我生活費，他孩子的學費，應該他要繳呀！」

真正原因

我終於聽到她的「弦外之音」了，經濟問題才是她的心結與憤怒源頭，加上孩子帶來的麻煩，每天上演的親子糾葛讓她遷怒醫療系統和學校體制，以及辦理不出

來的身心障礙手冊。

於是我問：「妳是真的想幫孩子辦身心障礙手冊，還是為了其他目的？」

「我不會像別人那樣怕孩子有手冊後會怎樣，只希望他的學費能退回來，還有我很想買車子，有手冊就可以免稅。」她終於說出口了。

「如果妳這樣跟醫師說，他們不會給妳的，除非妳是為了孩子教育上的需求，因為他真的在學校有適應上的困難，這樣拿到手冊的可能性比較大，但可能只給妳情緒障礙之類的診斷。我覺得妳也應該看精神科醫師，因為妳有憂鬱症前兆，妳的壓力太大了，妳的心累了！種種狀況顯示出妳的疲累和心結，我覺得需要先改變的人是妳。」我真誠且篤定地說。

聽到我這番話，她不但沒生氣，還很認真地看著我，也同意自己或許該去看心理醫師。

後來，我建議她接受我們協會家長的情緒支持團體，並打算幫她安排一位適合的「攜手媽媽」【註二】。她欣然答應，並在臨別前對我說：「我今天很幸運能找到妳，妳跟我說的這些話讓我心裡很舒服，我以後可以常來找妳嗎？」

「不用客氣，妳可以再來，但不一定能遇到我，因為我不會天天為了修冷氣而下樓，但是妳可以跟我的社工同仁會談。希望妳申請證明順利，我們會有攜手媽媽陪妳一段時間，祝福妳喔。」

午休前，我終於把她送走了。我吸了一口氣，走回座位喝下一口茶，心想人與人之間真的有一份緣，可是為什麼許多像她兒子這種所謂「邊緣型」或「麻煩型」的孩子，卻不容易遇到生命中的貴人？

過了兩天，我請攜手媽媽陪她到醫院，心想有人陪著去聽報告，獲得的資訊會清晰些，回來後我問起狀況也比較能知道全貌。下午四點多，她們終於回來了，但她一副戰敗公雞的樣子，而那個把她氣得半死的兒子也一道來。小孩雖然很瘦，但身高還好，眼睛咕嚕咕嚕地轉，和人打招呼時對答正常，難怪醫院不肯給殘障手冊。

攜手媽媽說，小兒科過敏源篩檢的醫師說他只負責解釋篩檢後的結果，不能開殘障手冊，建議她們去精神科；去了精神科，醫師見到媽媽一副不耐煩，便跟她們解釋孩子沒有問題，而且孩子才做完兩個月的心理輔導，也剛結案，希望媽媽不要

一直來纏著要手冊。

我聽了納悶不已，接著攜手媽媽又說這位徐女士在面對醫師時，口氣和態度真的就像跟人吵架一般，她甚至還得幫忙圓場。

建立黃金三角關係

之後，我打電話給一位聯合評估中心的醫師，請教他關於申請殘障手冊的事，但他反問我：「如果所有的情緒障礙孩子，或疑似亞斯伯格症的人都要申請殘障手冊，台灣可能會多出幾十萬張手冊，妳想這樣對社會福利有幫助嗎？如果妳說的這位孩子需要教育協助，社工得去和學校協調，讓這孩子獲得情緒障礙相關的巡迴輔導資源；如果這位家長是因為經濟問題需要幫忙，你們應該往那個方向去努力，而不是纏著醫師要殘障手冊，更不能逼迫醫師開殘障申請證明。我們不可能冒著被吊銷醫師執照的風險，亂給家長開這樣的證明，所以你們社工要好好跟家長說明啦。」醫師一副曉以大義似的口吻。

聽見醫師朋友這樣的解釋，我深感無奈，也為全台灣無數情緒障礙、過動兒和亞斯伯格症學童的家長深深嘆息。這類學童我們稱為「麻煩型」孩子，他們雖然擁有特殊教育法的保障，法規和理論也都沒有錯，可是現實就是有許多缺口，例如國中、小學校園內，極缺負責情緒障礙的師資群，特別是偏遠鄉鎮的師資更是不足，班導師們若沒學習過特殊教育，或對這些「麻煩天使」不用心，往往搞得學童在校不快樂，或者因為和同儕互動差而被排擠或孤立，嚴重時甚至還會遭到霸凌，讓家長投訴無門……

這樣的事件被報導出來的只是冰山一角，在特殊生安置會議上卻時有所聞。許多時候我為家長氣憤不平，這些事件理應由政府和教育界負責，當然，遇到家長真的很不用心、推卸責任或少根筋時，我也只能替孩子感嘆他生錯家門、投錯胎！

不過，我還是寧願相信，只要看到像我們這樣肯陪伴他們一起面對難關的社工、老師或醫療人員，大部分的父母還是會因感動而願意調整心態與步調，問題在於我們這些專業人員要有好的誘發技巧和耐性，讓這些家長的認知轉變，並獲得增權（empowerment），如此才能盼到三贏的局面，也就是孩子（學生）、家長和專業人員這療育「黃金三角關係」的整體提升。

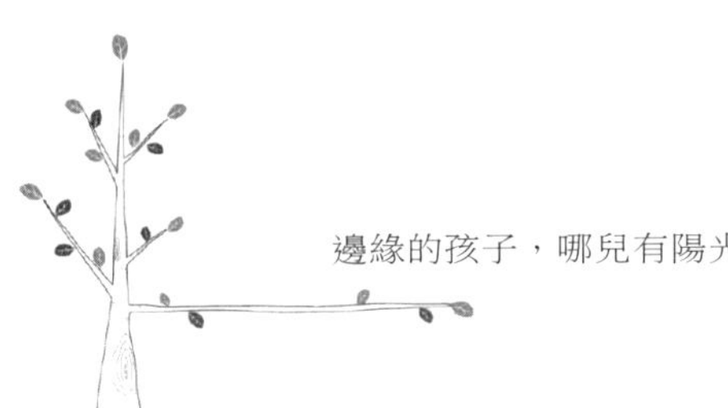

【註一】ＩＣＦ即 International Classification of Functioning, Disability and Health，台灣譯為「國際健康功能與身心障礙分類系統」，簡稱ＩＣＦ。世界衛生組織ＷＨＯ於一九八〇年提出ＩＣＩＤＨ做為身心障礙的國際分類系統後，於二〇〇一年修訂為ＩＣＦ，重新看待什麼是「身心障礙」，並正視環境因素與疾病／損傷後果的影響，開啟將焦點放在「障礙情境」，而不再是「障礙者」的新紀元。台灣為了希望能和世界接軌，因此規定從二〇一二年起開始使用ＩＣＦ評估與診斷身心障礙者。相關的資訊可上網查閱：http://www.tfb.org.tw/new/ICF/icf_01.html

【註二】「攜手媽媽」是早療協會於二〇一一年起，在家長支持團體的服務策略上所規劃的服務模式之一，其內涵與運用類似美國的領航父母（Pilot parent model），讓家長以「過來人」身分，協助新手父母調適生活、教養技巧與態度。

11 蜿蜒山路，有歌相伴

二〇〇三年時，我們有七位同仁分乘兩輛車，從台東前往花蓮。那次我們選擇走台十一線，只見右邊是湛藍的太平洋，左方是起伏的海岸山脈，而我的心情一直很興奮，因為前天上午我們承接了台東縣政府的早期療育通報中心。

創會理事長郭醫師駕著我剛買的新車在海岸公路上奔馳，他見我開心讚嘆台東山海之美，便開口說道：「我們協會是全台灣幅員最大的通報中心！」

我聽完楞了一下，怎麼會呢？郭醫師接著說：「怎麼不是？我們承接南投、花蓮和台東三個台灣地理面積最大的山區，其間有日月潭山區、雪霸山區、玉山國家公園、太魯閣國家公園，南接大武山區，這樣一路連綿，幾乎占了台灣山區的一半，若加上綠島和蘭嶼，我們不是最大的通報中心是什麼？」

呵呵，真是愛自我陶醉的一群傻子！

守護最大的福田

從那天開始，我的心中一則以喜，一則以憂，喜的是我們的「福田」這麼大，憂的是身為協會秘書長，我要遊走這三個縣，和夥伴承擔起這三處台灣偏遠地區的遲緩兒早期介入工作，以及開發資源讓早療永續發展下去⋯⋯

每年春末到秋天的颱風季節，我心裡就掛記著我們三大「福田」區域上的遲緩兒家庭和工作同仁，擔心山區落石或土石流、淹水或路段流失與封路⋯⋯這些經常是同仁外訪和下鄉的夢魘；遇到刮大風或颱風警報，更是我們派去蘭嶼和綠島的同仁與治療師們的惡夢。

「啊！不會吧？颱風不要來！」她們總是這麼尖叫著。颱風來臨前，我會叮嚀同仁注意安全和辦公室門窗關緊；颱風離去後，則關心同仁和小朋友家中的狀況，這已是我八年來的習慣了。

二〇一一年是個風調雨順的好年，對我們花東居民而言，更是一大福音，因為這幾次的颱風不是沒登陸就是轉向，真的很幸運。這些年來，我們在花東服務慢飛天使的人數，不含已結案部分大約有一千五百位，他們分布在包含離島的花東二十九個鄉鎮，這些案家全部由二十五位社工同仁及十來位多元就業夥伴直接提供服務。

自我退居二線工作後，偶爾才會進行家訪和下鄉，雖然不在服務的第一線，但我一直很關心這些家庭，特別是弱勢家庭的孩子。我們在花東服務的原住民家庭占了四、五成之多，其中又有超過三成是隔代教養的孩子，這一點，和其他縣市比起來是較為特殊的狀況。

住在延平鄉武陵附近的原住民孩子小東，就是一位罕病兒。他的父母都是布農族人，才二十多歲，小東在四歲前由外婆阿梅照顧，這兩年才由媽媽接手。根據責任區社工的描述，小東的問題很多，生理和智能都有十分棘手的部分，所以教養小東很辛苦，但外婆卻比媽媽更會帶這個孩子，因此社工對小東的外婆阿梅稱讚有加，直說她可以獲選為「原住民隔代教養傑出獎」。不過比起其他原住民父母，小東的媽媽也算是盡責了。

九月經社工轉銜會議後，小東進入國小國幼班就讀，目前列為我們通報個管中心的追蹤個案。

開朗的外婆

某個秋高氣爽的週末假日，我在責任區社工陪同下前往小東家拜訪。車子經過鹿鳴橋不久後，再開一段山路便抵達武陵，過了武陵國小，就是橘園部落。我們往右邊的山區前進，車子走了五分鐘的小山路便抵達阿梅家的山坡下，停好車，同仁領著我爬上一個山坡，來到阿梅的鐵皮屋前。

我環顧四周，發現這是一個非常棒的觀景台，整個武陵的山水景色全都一覽無遺，也是這樣一間山區小屋，孕育了阿梅開朗又堅毅的個性。脫了鞋走進阿梅家，客廳裡僅有兩張小矮凳和一張小矮木桌，雖然是老房子，卻收拾得很乾淨。和阿梅見面時，她直說我很面熟，不知在哪裡見過我，社工接過話頭說道：「親子活動時一定見過啦，只是忘記而已。」小東的媽媽我倒是未曾謀面，而他的阿姨我則有點印象，原來這個家庭有三個大人共同照顧小東。

小東還有一個未滿兩歲的妹妹，一直住在玉里鎮由祖父母照顧。小東父親是職業軍人，大部分時間都在營區，放假就回到玉里，因此小東和外婆的關係很緊密，和祖父母家則較為疏離。

「聽說您之前待過啟智中心，是玉井鄉的『德蘭』嗎？我也認識他們的楊主任喔。」我故意初見面就和阿梅攀關係，一則是好奇她的教養能力是否與過去的工作經驗有關，一則是想聽聽她對教養機構的感受。

「對呀，那是十幾年前的事了。麥修女在的時候，楊老師還沒當主任呢。」阿梅說著遙遠的往事。

「難怪妳對教養小東這麼有辦法，不過妳要把這些本事教給小東的媽媽，總不能妳一直扛著吧？」我真是雞婆成性，忍不住開門見山就說起這些。

「我也沒什麼本事啦，在德蘭的時候，我只是在廚房幫忙煮點心，或許是對特教看久了有點印象。我很感謝麥修女，我的第二個孩子是唐氏症，那時候我們住在玉井鄉，我的三個孩子都在玉井長大，小東的媽媽和阿姨也都在玉井讀國中。『德蘭』接受我兒子去那裡的時候，他們中心的孩子還不多，有一天，修女問我願不願

意去幫忙，我說好，就去他們廚房幫忙。起先我只是想當義工，因為『德蘭』已經收容我兒子，我也沒什麼事好做，乾脆去幫忙，但是做了一個星期後，修女叫我過去，用台語跟我說『也賽』。麥修女只會講台語，不會說國語，可是我聽不懂她的意思，楊老師幫我翻譯才知道，是麥修女要我留下來在廚房工作。」回憶起往事的阿梅滔滔不絕地說著，我則聽得津津有味。

「一個月後，修女給我一個薪水袋，摸起來很厚。當場拆開時我嚇了一大跳，因為有厚厚一疊鈔票！我只抽出五張，其餘的都退給修女，我說：『太多了，這樣就好。』但修女不接受，又推給我，要我留下來繼續工作。我好感動，那時候我的孩子都還小，在玉井鄉又不好找工作，能有這樣一份工作，真是求之不得。」阿梅感激地說。

「修女知道妳的處境，故意想幫妳的。」我心有同感的說。

想起二十年前，台北市心愛兒童發展中心剛成立時，李淑信主任看我樂觀開朗又正好在找工作，就問我要不要到中心上班，當時我的心情只能用「喜出望外」來形容，但緊接著便對李主任說：「我很樂意來上班，但是也要讓我女兒舒安一起跟著來才行。」沒想到李主任一口答應，從此我的工作條件就是老闆必須「買一送一」，讓我帶著女兒上班。

「大概在德蘭待了五、六年吧，直到後來我兒子生大病。起先我不知道他的頸椎受傷，壓迫到腿部神經，只知道他不想走路，可是我急著上班，就打他罵他，他哭著不想走，我就硬拖著他走……現在想起來還是很難過。」阿梅紅著眼眶繼續說：「兒子住院後，情況一直沒好轉，台南的醫院都不收他，我必須帶他到台北醫治。麥修女拿十萬塊給我，讓我帶兒子去台北榮總，我後來就辭職了，那些錢是修女給我的離職金。」

聽阿梅敘述往事，我也跟著流淚，因為我過去也有類似的經驗。阿梅似乎想說更多，因為她知道我懂她的處境，但這些都不是我在進行家訪前設定想獲知的內容。

神的考驗

「在台北那段時間，我兒子住加護病房，我每天都一個人坐在病房外的椅子

上。台北房租那麼貴，我不敢租房子，因為不知道錢用完以後還有沒有？那時候，我兒子已經無法講話，還插著呼吸管，兩個女兒都留在玉井鄉下，拜託鄰居煮飯給她們飯吃。當時我心裡很難過……我跟她們的爸爸已經離婚了，可是孩子又不是我一個人的，我真希望他爸爸能來看兒子一眼，或是回玉井照顧兩個青春期的女兒。但是，我一直找不到他爸爸……。

有一天，他終於被我弟弟撞見了，我弟弟就跟我講他在哪裡，還給我電話。我打電話過去，剛好是他接的電話，我就跟他說這些事情，可是他不但不關心，還氣到掛電話。我很傷心，一個人往醫院頂樓走去，想要跳樓自殺，我一邊走一邊流眼淚，心裡好苦……那時候我突然想到麥修女跟我說過：『妳要忍耐，這一切都是神的考驗，妳要有信心，神會帶領妳。』所以我跌坐在樓梯口大哭，哭了好久！我哭到睡著，醒來以後，就走回加護病房看我兒子。」

我的眼眶一直紅著，這位與我年齡相仿的原住民婦女，她的悲傷往事讓我心疼，就像那首「路過同樣的路，苦過同樣的苦」迴盪我心。

「後來，神真的幫我找到貴人！轉到台南八一四軍醫院時，我兒子已經像植物人了，每個月光是給醫院的養護費就要付兩萬塊，還有其他尿布錢、營養品和種種開銷，需要三萬多才夠。沒想到，醫院外包看護仲介公司的人看到我給兒子翻身、拍背和擦澡都做得很熟練，就問我要不要做看護，我聽到好高興，當然要啦，所以就這樣在醫院裡當起看護。我很努力工作，剛開始一個月薪水兩萬，後來我考到看護執照又加薪五千元，每個月領薪水時，同事都拿到厚厚的薪水袋，只有我的是空袋子，因為薪水都直接交給醫院當兒子的養護費。那時候我心裡想，沒關係，只要能在這裡工作，每天可以看到兒子就好了，辛苦沒關係！我在那裡做到ＳＡＲＳ之後才離開。」阿梅繼續說著，此時屋內五個女人都沉浸在她的往事中。

「我兒子在二〇〇三年ＳＡＲＳ爆發前三個月過世，那時候他已經二十歲了，我半夜裡找親戚開車，走南迴公路把他運回來，然後埋在這附近，讓我兒子回到武陵。」

本以為阿梅的苦，會隨著唐氏症兒子的死告一段落，沒想到二〇〇五年大女兒結婚生子，還來不及慶賀，就被告知外孫小東是俗稱藍眼珠的瓦登伯格症候群（Waardenburg syndrome），這是一種罕見疾病，每兩萬至四萬個嬰兒中，就有一

個是這種症候群的顯性案例。

資料上說，藍眼珠只是瓦登伯格氏症候群諸多症狀中的一種，患者的眼珠雖呈現藍色，視力卻完全不受影響，需要注意的反倒是容易合併聽障及長期便秘的問題；然而偏偏小東就是視力出問題，他不但是藍眼珠，還有嚴重的雙眼球震顫與斜視問題，會對精細的物品視而不見，連醫師也說開刀都沒有用。

小東兩歲時，就因尿道閉鎖前往台北三軍醫院開刀。由於小東很躁動，媽媽照顧不來，造成孩子的傷口經常反覆感染，復健也經常中斷，所以小東常回外婆家住，阿梅沒工作的時候就幫忙照顧小東。目前小東每週一次到醫院接受物理、職能與語言治療，由媽媽騎機車載送小東到台東市區的醫院，風塵僕僕地也夠辛苦的了。

我想到阿梅辛苦大半輩子了，現在還要操心小東和他媽媽不會教養，阿梅太累了，於是我扮演起權威角色，嚴肅而誠懇地對小東的媽媽說：「美惠，妳都聽到妳媽媽是多麼辛苦地拉拔妳們姊弟長大，她不忍心看妳像自己一樣吃苦，所以才會常嘮叨妳，要妳自己堅強起來，自己要有本事養這個孩子！她幫妳照顧小東是心疼妳，妳也要自己多用心才行，媽媽會老，總有一天會離開妳們去天國，妳要把能力練出來，好讓媽媽安心哪！」

我想到社工在小東的個案紀錄表上寫著「媽媽的親職能力有待加強」，所以故意這樣提醒。果然，那時大約上午十點，小東已經被阿姨叫醒，我發現他又高又胖，身材不像國幼班的孩子。剛起床的小東沒有聽大人的指令向我們問好，反而像無頭蒼蠅似的東走西晃，隨便抓東西。我們的視線全都盯著小東看，他一下子爬高爬低，一下子又亂捏人，但小東的媽媽和阿姨只會跟他說「不行喔」，一點也沒有威嚴和制止的味道。小東仍舊我行我素，他的出現打亂了我們的談話。

情境指導親職教育

我觀察到小東有注意力缺失和智能不足的問題，再加上沒有建立起常規，不會分辨危險，體型又長得過胖，便忍不住苦口婆心地對美惠說：「不能給孩子吃太多高熱量的食物，他太胖了，物理治療師有沒有說要讓他減肥或運動？」

「有，我們去醫院，治療師都讓他走跑步機，我也經常帶他到處散步或到學校操場跑步，可是他實在太愛吃了。」美惠這麼說。

「跟他吃進去的食物比起來，這樣的運動量恐怕不夠吧？妳早餐給他吃什麼？午餐和晚餐呢？」我問。

「早餐吃蛋餅、義大利麵、蘿蔔糕還有奶茶。」美惠講得好順口。

「天呀！他是小孩子，妳讓他早餐吃這些不會太多嗎？而且都是澱粉和高熱量的東西呢。」我驚訝地問，直覺這位年輕媽媽太寵溺小東了。許多時候，從孩子的行為舉止就能推斷出父母的教養觀點和能力。

「他就一直吵著還要吃，我有什麼辦法？」美惠一臉無能為力的表情。

「拜託，妳是學護理的人，小孩子這樣吃怎麼行？我猜，小東吃東西是不是都狼吞虎嚥？吃得這麼急，根本沒有耐心慢慢咀嚼。妳最好從下週開始，逐步減少小東早餐的份量，先只給他吃兩份，過了一週或兩週後，再給他吃一份就好。小孩子太胖不好，會懶得動，所以千萬不要讓他們變懶，更不要讓他們對吃沒有節制能力，否則他越大，食量也會跟著變大，這樣只會讓他越胖、越不想動而已。」我彷彿已預見小東青少年時的可怕情況，著急的像連珠砲似的說一大串。

「可是，小孩喊餓怎麼辦？總要給他吃點心吧？」美惠有點不服氣。

「吃點心可以，但不要給他含糖的飲料或澱粉類，妳可以給他吃水果，像楊桃或葡萄啦，把水果切片或一次給一小顆。給小東飲料、點心或水果時，最好每次只給一點點，讓他解饞就好，他如果還想吃，就要求他做妳們想教會他的事，這些技巧叫『行為改變技術』，書上或網路上都有，妳可以到我們辦公室借書，或上圖書館找資料。」

我真是急性子，可是親職教育就是要在情境指導下最適合。我見美惠沒答腔，便接著問：「對了，文獻上說小東這樣的孩子會便秘，他排便狀況好嗎？」

「一天排兩、三次。」美惠說。

「那跟文獻上說的不一樣耶，小東有聽力問題嗎？」我好奇地追問。

「也沒問題，他只有眼睛有問題。」

「美惠，我建議妳可以去圖書館借電腦上網，查看看瓦登伯格症候群相關的資訊，對自己孩子的疾病或行為有多一點了解，照顧起來會比較心安。」雖然我覺得自己已經有點嚴肅和過度指令，但還是忍不住繼續說：「聽完妳媽媽的故事後，我很心疼妳們，擔心小東長大後，如果行為無法自我控制，他又長得壯、力氣大，到

時候妳要怎麼拉他？我看妳們現在都無法有效制止了，反而像他的僕人一樣，他亂丟東西，妳們就跟著撿，跟著他團團轉，這樣下去不是辦法，對不對？」

只見美惠沉下臉，阿梅卻接著說：「我就是常這樣念她，她聽不進去，還跟我生氣。我照顧的時候，小東會乖乖聽話，他媽媽帶就都不一樣了，妳也這樣講，代表我說的沒錯。」

原來我和阿梅站在同一陣線，這真是不太妥當，可是早療社工有時也得扮演居家輔導員的角色。我看著美惠，對她說：「許多小孩都會這樣欺負媽媽，因為他們知道可以跟媽媽耍賴，但爸爸帶就不一樣了，對不對？小東的爸爸會聽他的嗎？」我把話題帶到小東的父親。

「才不會！他只會大聲罵，我都叫他不要嚇到小孩。」美惠有點生氣。

「那也難怪，他是軍人，重視紀律和規矩，小東這樣沒有規矩，他爸爸一定很受不了。妳也不能眼裡只有小東，男人是個大孩子，也需要妳的愛和關懷，妳要趕快學會如何有效引導孩子的行為，才有力氣分一點時間給老公。夫妻經常分隔兩地，久了感情會疏遠喔。」

我想到阿梅離婚，美惠從小就缺乏父愛，現在她嫁了一個有正職工作的丈夫，這在原住民中是值得羨慕的婚姻，所以我提醒她要好好珍惜。美惠聽我這麼說，眼睛亮了起來，是過去沒有人這樣提點她，還是我太直接說中她的心事？

好滋味的香蕉飯

屋子裡突然安靜下來。我也不知自己是出於什麼心態，如此熱切地想逼美惠立即變得精明幹練，這時阿梅端著東西，從屋外走進來說：「來吃我做的香蕉飯吧，我昨天下班後，晚上十一點多才煮的。聽我女兒說妳們今天會來，我家沒有東西可以招待，這山上也沒什麼東西可以買，就想著做香蕉飯請妳們也不錯。」

只見一盤由褐色香蕉葉包裹的糯米糰被切成兩節，煮熟的米飯散發著淡淡的香蕉味。我拿起半截，剝掉香蕉葉便吃了起來，味道的確不錯。

「阿梅，妳很能幹耶，可是也太客氣了，下班那麼晚了，還要做這個香蕉飯待客，妳真的太熱情啦。」我真心敬佩眼前這位一生操勞卻面面俱到的婦女，她有許多讓我喜愛的特質，我不禁脫口而出：「我很喜歡妳，阿梅真的很值得敬佩！美

惠，把妳媽媽這些本事都學會吧！原住民的傳統美食很珍貴的。」唉，我又給美惠壓力了。

我自覺不可以再給美惠更多建議，那樣只會帶給她壓迫感。社工家訪時，要對當場的情境有所警覺，今天我該講的都講了，總得留時間給美惠慢慢消化。於是我把話題轉向阿梅的工作，她便開始興高采烈地說起她如何獲得目前這份工作、又如何在旅客活動中心販賣香蕉飯、竹筒飯和芋頭糕這些傳統自製的食物，而且每天都很開心……

從阿梅開朗的臉上，我看到一個永遠樂觀和進取的女人。我真心地豎起大拇指稱讚她，她則自我挖苦說：「只要有錢賺，我都不怕苦！我不會讀書，拿筆寫名字也是寫得東倒西歪，所以我就想，一定要讓我這兩個女兒去念書。可是她們到現在還沒有賺錢，我要自己賺老本，以後還是要靠自己，呵呵……」

見已近午時分，我起身準備告辭，臨走前對美惠說：「抱歉，今天跟妳講的話太重了，只是我很喜歡妳們，也很敬佩妳母親，不希望妳再過母親以前走過的苦日子，請妳體諒。妳要狠心一點，養育小東需要耐性和技巧。」美惠點點頭，若有所思。

阿梅赤著腳送我們走下山坡，我和她擁別，拍著她的肩膀請她珍重，她則叮嚀我要再來玩。我懷著溫馨和感動離開這個部落，心中浮現著阿梅每段故事的情景……車中正播放著排灣族泰武國小孩子的專輯《歌開始的地方》，我隨著山路蜿蜒而出，等車子開到武陵國小時，回頭望山，彷彿還能見到阿梅正踩著堅毅的步伐回家。

12 阿嬤的囡仔

曾經聽我母親說：「勞碌！勞祿！一生辛勞，為了是老年能享福祿，所以說『有勞有祿』，年輕不要怕吃苦。」

年過半百之後，越來越覺得自己和已逝的母親很像，包括外型、生活習慣與價值觀，沒想到自詡是知識份子的我，回顧許多做人道理，才發現目不識丁的母親早在我年輕時就這樣一語道破了。有人問我，是什麼力量讓我遇到種種困難卻不放棄？我想了想，認為應是母親的身教及言教給我的影響。

為母則強

記得二十三年前，極重度身心障礙的女兒舒安身上有一堆毛病，非常難照顧，讓我幾乎快要崩潰和投降。當時母親嚴肅地對我說：「我不識字，又生不逢時，在你們小的時候，我咬著牙吃地瓜籤，有時連臨時工也沒得做，可是在這種狀況下，我還不是把你們六個兄弟姊妹拉拔長大？妳有讀書，又生在這個時代好討生活，遇到一個孩子有困難就好像活不下去似的，怎麼這樣沒氣魄呀！」

母親的話讓我既委屈又生氣，覺得她太逼人、沒有同理心。可是靜心回想小時候的生活景象，的確如同母親所言，一九五〇年代，在那個物資匱乏的台東鄉下，我母親確實毅力驚人，她苦人所不能苦，忍人所不能忍地熬過無數的苦澀日子。

舒安兩歲多時，我也曾把她帶回鄉下託母親照顧，堅毅的母親默默替我承受養育之苦，讓我得以稍作喘息。我擦乾眼淚後，決定效法母親的正向思考和毅力，便把女兒帶回身邊，自己承擔養育的責任。

母親年老時，的確享到一點清福，她說：「有勞、有祿，這樣我就滿足了。」可是，並非所有勞碌的婦女在年老時都能享清福，接下來我要說的這兩位阿嬤都是勞碌有餘，享福則未必有份啊……

阿彩姨的無奈

三年前，我在醫院暑期實習期間，認識了這兩位隔代教養的阿嬤。由於與她們互動深刻，每次看到或聽到大家說隔代教養如何如何時，我的腦中就浮起這兩位年老婦女的影像。

其中一位阿嬤，我叫她阿彩姨，是住在水里鄉的農婦，臉部膚色因長期日曬而顯得暗沉。阿彩姨每週四下午會出現在醫院的復健中心，陪著小孫子來做語言治療。每次看到她時，她總是獨自一個人坐在等候椅上打瞌睡，沒有進治療室去看治療師在教些什麼。

有一次，我刻意找她說話：「阿彩姨，我可以和您聊天嗎？」

「喔？要聊什麼天？」她無精打采地看我一眼。

「就是隨便聊聊啦，譬如說，您平常都在做些什麼事？孫子好帶嗎？為什麼是您陪著孫子來做復健？」我引導她幫我解答這些疑惑。

「有什麼辦法？他父母都在北部做事，要租厝，又賺沒吃（台語），小孩沒人照顧，我們老的只好撿來養呀！」她無奈地說著。

「很多人都是這樣啦，也沒辦法，您們很能體諒兒子在都市裡討生活的苦，很體貼年輕人，是好父母啦！」我巴結地說。

「在我們水里這種鄉下，沒工廠可工作，種田種菜又賣不了錢，歹賺食啦！」

「是呀！鄉下就是這樣，好山好水，但不容易討生活，除非有田有厝，或是一份像公務人員或專業人員的固定工作，其他人真的討生活不輕鬆。」我頗有同感，我們有許多家長都面臨經濟問題，卻只能靠打零工過活。「聽說您的孫子是講話比較慢，您怎麼知道要帶來這裡做治療？」我關心地問。

「我也是不得已啦，今年三月才送孫子去讀鄉立托兒所，老師說我孫子坐不住、講話不清楚，好像也聽不懂國語，所以老師跟我老伴說要帶來這裡做檢查。醫師檢查後，就叫我們每禮拜要來一次做復健，可是我看孫子沒什麼毛病，為什麼要這樣麻煩？」她顯得有點不開心。

「您們剛來沒幾次吧？路途很遙遠我知道，可是如果您孫子真有憨慢問題，還是要儘早做復健會比較好。托兒所老師很好，她們肯跟您說實話，指出孩子講話有問題，這樣是好意啦。」我試圖替教保老師說情，也希望阿彩姨能看到療育正向的

部分。

「我孫子本來都跟我們夫妻在田裡玩，也不用教，隨便讓他玩。我們在種苦瓜，只有幾分地，也賣不了什麼錢，我從年輕嫁給他，就一直做一直做！清晨要起來煮豬食、弄早餐，白天要跟先生去田裡，中午回家還要趕煮午飯，下午又要去除草做事，每天都是做到日頭落山才收工，現在晚上還要陪孫子寫字，老師說要做什麼家庭作業，我識字不多，叫我老伴教孫子，他就說，妳老我也老，妳累，我也嘛累，隨便就好。我若沒陪孫子，他也不會自己乖乖坐好寫字，實在是『老歹命』呀！」

阿彩姨連珠砲似的抱怨一大串，臉上看不到生活愉悅的光彩。

隔代教養

當我們提到隔代教養的案例時，通常比較會貼上負面的標籤，而且合理化長輩沒有能力教養現代的孫子女；其實很多鄉下的長輩還得自食其力，他們勞碌之餘，認為孫子能吃、能喝、能自得其樂在地上玩，這樣就好了。何況他們真的為生活操煩勞碌，又一直跟孩子說母語，不覺得孫子孫女不會講國語有什麼問題，等到這些孩子五歲後進了幼稚園或托兒所，老師發覺孩子「文化刺激不足」或是有語言遲緩、行為問題時，往往已經超過三歲，錯過了早療黃金時間，所以在花東投地區，我們每年都主動以下鄉方式做發展篩檢，希望能找出沒進幼稚園卻疑似發展遲緩的孩子。

另外值得討論的則是關於「隔代教養」的名詞意涵，通常這是指由祖父母或外祖父母和孫子兩代相處的家庭生活型式。隨著社會變遷，家庭結構不斷改變，當父母無法親自照顧子女時，通常會將子女委由祖父母或外祖父母幫助照顧，這是近年來常見的社會趨勢，而阿彩姨和她的孫子正屬於這種時代結構性因素造成的親職模式。

根據二〇〇四年五月出版的《商業周刊》862期專題報導，台灣隔代教養兒童加上單親兒童就占11.07%，其中前五名分別是花蓮縣（22.34%）、台東縣（18.09%）、澎湖縣（17.31%）、連江縣（15.87%）及屏東縣（14.45%）。國內陳麗欣等人在隔代教養家庭現況之分析中，提出隔代教養的原因最主要是父母工作（51.65%）、父母離異（45.50%）、父母喪偶（0.93%）、父母雙亡（0.93%）、

父母不願照顧（0.31%）及未婚生子（0.31%）。

以上這些原因，均使得祖父母在自願與非自願的情況下，必須負起照顧幼兒的責任。以前教育部長郭為藩先生的估算，若將這些百分比換算成人口數，六歲以下小朋友隔代教養者達四十五萬人，六歲以上隔代教養者更高達八十萬人，是項非常驚人的數字。

我看了這兩份報告後推論出，由於澎湖和連江兩個離島的中青代父母必須到台灣本島來討生活，而花蓮、台東與屏東的就業機會少、離婚率高，所以這五個地區的隔代教養數量名列前茅，剛好花蓮與台東是我們早療服務的範圍，難怪經常接觸到隔代教養的家庭。

如今，隔代教養家庭的形成因素越趨複雜，成為整個時代脈絡演變出的景況，許多文獻指出隔代教養對孩子內在的影響很大，對身為照顧者的長輩而言，也有很多內在的變化，我認為這是相對性的影響。其實隔代教養也有正向的意義與貢獻，我收集了一些隔代教養的利弊分析資料，其中正向觀點包括隔代教養能發揮祖父母的經驗優勢；祖父母可成為孫子女與父母的溝通橋樑；長輩較有時間和耐心陪伴、教育下一代，讓父母得以專心致力於事業、工作上；緩解老人家的孤寂，發展良好的祖孫關係等。這些優勢對家族文化和價值觀身教傳承非常有意義，所以我希望社工人員不要一聽到「隔代教養」就貼上負面標籤，而是先靠近他們並傾聽和關心，再做家庭狀態評估。

對隔代教養的憂心，通常是立基於兒童的立場與需求觀點。在改善隔代教養問題的建議上，許多人提到要運用相關社會資源，提供祖父母相關的教養課程，增進兒少孝親教育、降低祖孫衝突、增進溝通；而且父母必須在家庭與工作中取得平衡，適時參與及協助祖父母與孫子女建立關係，而不是放手不管。

獨當一面的秀鳳姐

秀鳳姐的故事，可視為「落跑父母」將孩子丟給祖父母的典型案例。

秀鳳姐是我在台東陪同院訪時認識的，秀鳳姐的孫子小宇是極重度多重障礙的小男孩，每次她背著小孫子到治療室時總是滿身大汗，由於她是騎機車一路從太麻里鄉山邊某部落過來，如果沒有刮風或下雨，她就會帶小孫子來做復健，若是遇到

壞天氣，祖孫二人就不會出現在醫院的復健室。

秀鳳姐是阿美族人，具有傳統阿美族婦女獨當一面對抗命運的氣魄，但也有那份「家醜不外揚」的堅持。這個孫子是秀鳳姐的長子和一位未成年排灣族女孩生的，而且這女孩是未婚生子。治療師轉述秀鳳姐好不容易才透露出的故事：「小宇媽媽很愛玩，自己根本就是一個大小孩，和我兒子交往不久就懷孕，生產的時候難產，那個老醫師就用夾的。我們在門外等好久，進去看的時候孩子就不會動了。孩子住院很久，雖然活著，可是變成現在這個樣子。」當時她講得很平靜、低沉。

我曾問秀鳳姐：「妳會不會很氣醫師這樣，害妳孫子變成殘障兒？」

她冷冷地說：「生氣有什麼用！」讓人猜不出她心裡真正的感受。

出院後，年輕女孩跟著秀鳳姐回家，卻發現孩子很愛哭、眼睛看不見、呼吸很大聲、肺部有痰又不會吸奶，而且抱起來的時候，孩子的頭還會搖來搖去。

治療師告訴我：「這個年輕媽媽就把小宇丟在床上讓他哭，自己坐在一邊看，也不知道要怎樣安撫。誰知道有一天晚上，她竟然丟下孩子，一個人偷偷跑了！秀鳳姐也不知道她現在到底在哪裡，她很不願意提這件事，每次來治療室，她都默默坐在一邊，表情很落寞、很嚴肅。這些是我經過一、兩個月逐漸建立關係，才慢慢問出來的。」

像這種未婚生子的女性，在花東有不少案例。她們大部分不敢讓家中父母知道自己懷孕，有的人懂得尋找社福團體幫忙，讓孩子出養到國外；有些原住民女孩生完後把孩子帶回原生家庭，頂多被罵一頓，父母或祖父母輩通常會認命接納，但像秀鳳姐這樣把未過門媳婦帶回家的並不多見。如果孩子健康，只要辛苦拉拔幾年，他就有自己生存下去的能力，可是像小宇這種多重障礙兒養育起來真的困難重重，孩子的媽又不告而別，把爛攤子丟下不管，這些都讓秀鳳姐很鬱卒。

我知道秀鳳姐背這孩子來做復健是滿腹委屈，看到孩子連翻身、抬頭的動作都做不來，她很失落，只能無語地呆坐一旁，於是我在治療師建議下接近她。

「要不要談談您被這孩子折磨的狀況？」我知道主要照顧者的辛勞，他們常有一肚子委屈需要說出來，所以故意這樣問秀鳳姐。

「我不會講啦！」她一臉厭倦，一副連講話的力氣也沒有的樣子。

我試圖引起她說話的意願，因此又問：「這孩子還是晚上不睡覺，白天才睡覺

嗎？」我看到她臉上有黑眼圈，肯定是晚上沒睡好。

「嗯。」

「醫生不是說孩子有視障嗎？也許這孩子以為晚上是白天，白天是晚上，他看不到，所以日夜生活顛倒。妳要慢慢把他的生活調整過來，這樣才不會累倒喔。」我真心關懷她。

「我又不是只照顧孩子，白天還有兩個小孩要煮東西給他們吃，有時還要去田裡工作……」我的提問終於戳到秀鳳姐的痛處了。

「這樣呀，您真得很辛苦耶，另外兩個小孩是誰的？」

「我大女兒的。」

「她也把孩子給妳照顧喔？她在工作嗎？」我忍不住追問，許多子女都把老媽媽當免費的保母。

「有，她在當護士，要輪班，最小的孩子才一歲多。」

「那妳等於同時要帶兩個小寶寶耶，另一個多大？」

「另外一個三歲多。」

秀鳳姐講到這些孫子時，表情木然，絲毫沒有當祖母的滿足與愉悅。

「每天要帶三個幼兒，還要去田裡工作？妳哪有辦法？妳去工作，誰照顧他們？」我很驚訝。

「我媽媽呀！她在家，她會幫忙看。」

「所以是阿祖幫忙看？」

「嗯。」

這在我們服務的案家中不算特別，在許多原鄉部落，隔兩、三代照顧小孩不是稀奇的現象。由於年紀尚輕就生育，跟我同齡的秀鳳姐的母親才七十多歲，在鄉下，這個歲數的人身體還很健朗，所以幫忙家裡「看頭看尾」是沒問題的。

我和秀鳳姐在醫院的互動並不多，但我送給她一張表達中心的關懷和祝福的卡片，她微笑地收下它。

過來人親自示範

二〇一〇年，我們向地方法院申請「緩起訴金」協助十幾位買不起生活輔具的

腦性痲痺兒童家庭，其中有秀鳳姐一家，她也成功申購到一張餵食椅給小宇，讓我心中感到溫暖與欣慰。

二〇一一年春天，我聽到負責秀鳳姐那個區的社工同仁說：「小宇的祖母想把他送去教養院，請我幫忙轉介。」我腦海中立刻浮現出秀鳳姐那沉默、木然的身影，後來又聽同仁說該教養院不收小宇，原因是沒床位了。這年秋天，我約責任區社工一同前往秀鳳姐家，希望再看看三歲的小宇、他的外曾祖母和秀鳳姐。

我們開車來到中央山脈東側，在一處附近人煙稀少的平房旁停下，這裡正是秀鳳姐的家。秀鳳姐看到我笑了笑，手裡抱著小宇和奶瓶，我伸手接過小宇，邊抱他邊說：「變瘦了，小宇樣子變了，很小隻喔！」這是我最直接的反應，但側頭瞥見秀鳳姐依然默默不語。

坐下後，我開始詢問小宇的睡眠和飲食狀況，還有秀鳳姐的健康。她說自己腰酸背痛的情況很嚴重，我看她坐著抱小宇喝奶，背後完全沒有可斜靠的支撐物，難怪會腰酸背痛。於是我拿起椅子上的靠墊和大毛巾幫她墊著，並叮嚀她務必要留意自己的姿勢，只有留意到姿勢的重要性，才會開始重視小宇的「擺位」正確性。

這時小宇快三歲了，三餐主食還是牛奶加一點麥粉而已，又很少喝開水或果汁，難怪長期便秘，必需服用軟便劑。我問秀鳳姐，能否試著給小宇吃胚芽米混地瓜？她說很難，因為小宇不會咬；我又建議她給小宇多喝水，但她說小宇會嗆到。

聽起來，這孩子真的很難照顧的樣子，不過我親自示範給秀鳳姐看可以如何做，因為我知道只有口頭建議或敦促是沒用的。通常遇到這類極重度腦性麻痺兒的主要照顧者，說孩子在餵食和喝水方面很難照顧時，我會示範怎麼做，只因當年舒安也是同樣的狀況，我從職能治療師那裡學會了這些技巧，有過無數經驗的累積，示範起來自然很有說服力。

家長和孩子都是主角

秀鳳姐從不輕易主動講話，都是我們問才簡單回答一下，她也不會熱絡地招呼人，就靜靜坐著。遇到這樣的家長，年輕的社工同仁的確不容易深入他們的心。我替秀鳳姐抱著小宇，看到眼盲又四肢僵直的孩子，想到未來的路要如何走下去，不覺心情也沉重了起來。

我輕拍秀鳳姐的肩膀，跟她說：「我們知道，妳已經盡力了。我們很關心小宇的基本生活和妳的狀況，大家都希望妳為小宇多付出，都要求妳做這做那，大家同情小宇，可是誰來同情妳的辛苦？對不對？」

我完全明白秀鳳姐的心情。此話一出，只見秀鳳姐流下眼淚，這是我認識她兩年來，第一次看到她哭泣。她默默地流著淚，一如她的個性，靜靜忍受一切。

許多時候，我們做早期療育的專業夥伴只會一再要求家長配合做許多家庭作業，希望家長能在家替孩子複習療育內容，可是有多少治療師或老師去過案家？有多少專業人員真的把被服務者的家庭生態放在心中？又有多少專業人員會把早期介入的重心，放在「以家庭為本位」的思維裡？

最近我一直耳聞台灣要跟上國際，在診斷身心障礙者方面將使用「國際健康功能與身心障礙分類系統」（ＩＣＦ），對此專家一再提醒被診斷的孩子和家長才是主角，同時也提醒專業人員，一個人的障礙是因為「環境有障礙」，才使得他個體身心障礙變成「真殘障」，所以改善環境及參與方式，才能克服障礙帶給個體與家庭的困擾，也才能真正落實ＩＣＦ的精神。

不過在實務面上，專業人員對教養身心障礙孩子的任務，還是理所當然的推給家長，對殘障者的同情遠多過於如何真正協助照顧者；然而歐美國家認為支持父母或主要照顧者把身心靈照護好，才是第一要務，並主張父母要處於健康、開朗的狀態才有照顧品質，否則親職教育說再多也徒勞無益。

與秀鳳姐告別時，我心中非常不捨，又對服務和資源的「可近性」感到無奈。可近性對秀鳳姐而言遙不可及，我知道未來無數個夜晚她仍會被小宇吵到頭疼，卻依舊沒有人選可以替代她，讓她能夠喘口氣，雖然我們努力媒合教養機構收容小宇，可是極重度腦麻孩子不易等到床位，而且即便我們協會在太麻里鄉設有社區據點可以臨托，但秀鳳姐寧願陪小宇在家，或把他交給外曾祖母帶，也不願迢迢地騎著機車把小宇臨托給我們半天！這是不難理解的事實，然而服務與資源的可近性理應突破、克服這些難關，否則許多美麗的話只是徒增家長的不滿與感慨而已。

今日大環境的變遷，讓許多嬰幼兒成為阿祖或阿嬤的孩子，而這股趨勢很有可能會延續下去，這也是挑戰我們專業助人者理念和服務形式的一場硬仗。

13 飛魚，飛過太平洋

我的家鄉在台東，是一個靠近太平洋的小漁村。小時候，每次去海邊都要跑過一處長長的林投樹林，才會看到大海，但經過四十年的海浪沖刷，現在海邊距離老家已經不到五十公尺了。記得從前天氣好的傍晚，我會和鄰居長輩及小孩一起坐在沙灘上眺望，海平面那端就是綠島，至於蘭嶼，從我家後邊的海灘看不到它，必須往南步行到太麻里附近才能看到。這些畫面一直深刻地留在我的腦海中。

蘭花與飛魚的故鄉

蘭嶼舊名紅頭嶼，我們小時候都這樣稱呼它，直到一九四七年，因島上盛產蘭花而更名為蘭嶼。一提到這個僅有四十五平方公里的島嶼，大家就聯想到丁字褲、雅美船、飛魚和達悟族人，其實現在年輕的達悟族人已不會穿著丁字褲到處晃了。蘭嶼島上的達悟族人原先與漢人保持距離，經傳教士們在島上努力服務及真誠付出，才逐漸取得他們的信賴。目前島上居民中有八、九成信奉基督教或天主教，達悟族人的傳統信仰已被取代，唯獨飛魚祭和雅美船下水祭這些傳統文化仍在島上盛行。

蘭嶼人是熟悉海洋韻律的民族，他們與海洋為生，因此舊時男人的社會地位是憑藉捕魚技術的好壞來論高低。達悟族語叫做「alibangang」的飛魚，是這個島的主要魚貨，每年三月至七、八月是飛魚季節，大批的洄遊汛魚在這段期間湧進蘭嶼海域，帶來了飛魚潮與觀光人潮。

一九九八年的夏天，我第一次踏上蘭嶼。那次我隨創會理事長郭醫師一起前往，我們借用蘭恩幼稚園的教室進行兒童發展篩檢和義診，當時來的家長與小孩大約有三十多位。

如今屈指一算，距離上次到蘭嶼已有十多年了，雖然台東縣早療通報和個管的業務由我們協會承接，蘭嶼也是我們的服務範圍，幾乎每一至兩個月，社工同仁

就會陪治療師飛到島上看孩子，但我一直沒再去過蘭嶼，主要原因是我害怕搭小飛機。第一次搭乘前往蘭嶼的小飛機時，我從座位上便能看到司機的一舉一動，往下看還能看到湛藍的海，而航程中不穩定的氣流讓我嚇得臉色發白，雙手緊抓著椅子把手，但郭醫師卻頑皮地對我說：「這樣在天空中，距離天堂比較近。」從那之後，我再也不敢親臨蘭嶼。

住在蘭嶼的居民僅約三千多人，除了少數公務員與商人，其他幾乎都是達悟族人，他們有自己的醫療文化和生死觀，因此衛生所主任或護士最好也是當地原住民，若是漢人，則要花較長的時間才能被接受和信賴。島上沒有醫院，長期由台東馬偕醫院或台東基督教醫院的醫師去巡迴醫療，早期聖母醫院的樂醫師也是蘭嶼的常客，幾次和樂醫師聊到搭小飛機到蘭嶼的驚魂故事，更加深我對蘭嶼人就醫時的辛酸和外送時的無奈，徒增不捨與感慨。

早期療育協會成立之初，郭醫師就對我說要以服務偏遠地區孩子及家庭為主，所以我深知花東和南投山區居民就醫、就學的處境。本章故事的主角美雅女士正是蘭嶼的達悟族族人，因為她，我對蘭嶼多了一份認識和嚮往，也或許明年，我就敢瀟灑地搭上飛往蘭嶼的小飛機了。

意外的玩笑

美雅是蘭嶼鄉椰銀部落的人，丈夫民雄是她同村的學長。民雄沒有留在島上捕飛魚，他到台灣讀十校，當職業軍人，而美雅在國中畢業後，以公費生身分前往台中讀護校，而像他們這些漂洋過海、到台灣就學或就業的年輕人，只有在農曆過年期間才會回到蘭嶼。民雄與美雅同屬漢化較深的達悟族人，由於年輕時就到台灣，故鄉蘭嶼便成了夢裡思念的花園。

為了轉考警校，民雄只當八年職業軍人就申請退役，沒想到報考時卻因超齡而被退件，上天彷彿跟他開了一個大玩笑！也因此，民雄只好到工地當版模工人。至於美雅，護校畢業那年也因沒考取到證照而放棄當護士，轉而到北部都會區當店員；後來兩人結婚並生下大女兒，夫妻倆克勤克儉，生活倒也還過得去。

然而，第二個孩子佩佩的出生，卻讓他們的生活頓時陷入一片灰暗，因為佩佩患有小胖威利症【註一】。這是一種先天疾病，剛出生的孩子會有吸奶困難、肌肉張

力低和臉部異常等狀況，再加上心臟的問題，美雅覺得自己遭遇莫大的挫折。

遇到挫折時，許多人選擇回老家，但美雅和民雄不考慮回蘭嶼，因為留在台灣能有比較好的醫療環境與教育機會。他們離開台灣北部，轉到台東市定居，到醫院擔任警衛的民雄月薪才兩萬出頭，既要租屋還要養兩個孩子，加上美雅又無法外出工作，使得他們的經濟狀況十分拮据。美雅以感激的口吻告訴我：「幸好我三哥很幫我們，他從越南寄錢來接濟我，讓我們度過許多難關。」

我很好奇，為什麼美雅的三哥會從越南寄錢來，於是問道：「蘭嶼的男人也去越南捕魚嗎？」

「不是，我三哥很早就離開蘭嶼了，他原本在一家毛巾工廠工作，後來跟老闆到越南投資設廠。幾年後他離開那家工廠，自己也出來開毛巾工廠，生意做得不錯，還娶了一位越南嫂嫂，每年他們都會回蘭嶼探望我父母。」

這讓我想起人在情境中能發揮的無限潛能，誰說蘭嶼的男人只能捕飛魚？當他們選擇踏上台灣，在競爭的環境下，蘭嶼勇士穿起牛仔褲，捲起衣袖，什麼工作都可以做。就像民雄和其他來自蘭嶼的男士，我所認識的他們不但有體力、有智慧，更是踏實的好工人。

達悟傳統文化V.S.身心障礙兒

達悟族的文化又是如何看待身心障礙者的呢？在他們的傳統文化裡，捕魚和上山耕作都需要健全的四肢與體能，如果孩子先天有殘缺，他們會如何面對？我很想知道美雅當初怎麼調適心態，接受孩子有缺陷的事實。

「我們夫妻雖然悲傷，但是沒有指責任何人。我娘家的人全都對我們很好，也非常接納佩佩，我先生那邊的家人也沒有說什麼。大概是我們蘭嶼人對小孩都很好，所以我才會再生一個，現在我們夫妻有三個女兒，我先生有五個哥哥和三個姊姊，我自己也有三個哥哥和三個姊姊。」

「現在年輕的蘭嶼人一樣生這麼多孩子嗎？」我好奇地問。

「沒有啦，年輕人也會擔心沒錢可以教育孩子，所以都只生一、兩個而已。」

我替美雅感到高興，因為她有良好的家庭支持系統，既沒有婆媳問題，也沒有台灣人「孩子是生來討債」的觀念。她只說：「照顧佩佩時，要一直盯著不能讓她

隨便拿東西吃，又要每天限制她的飲食，這讓我覺得有點累。以前我都不太出門，現在好多了，自從參加早療家庭的『蒲公英媽媽』後，我找到自己的專長，也有其他家長可以當夥伴，心情才變得比較開朗。」

「可是在蘭嶼當地的部落裡，會怎麼看待身心障礙的孩子呢？」我還是很關心這個議題。

「我們蘭嶼人當然也會有跟漢人類似的『討債』或『魔鬼附身』想法，所以從前這樣的孩子很可憐，不過現在有傳教士、衛生所護士、學校老師和妳們早療社工宣傳正確觀念，有問題的孩子就比較少被欺負了。」

「聽妳這麼說，蘭嶼的父母對發展遲緩孩子的接受度應該很高，可是為什麼我們社工同仁卻說要很有耐性、要花很長的時間才能和家長建立合作關係呢？」

「那是因為我們蘭嶼人怕生，又不敢與漢人主動往來，自己的小孩有問題就算了，還要麻煩台灣人服務，這讓人覺得很不好意思。我是因為待在台灣比較久，又被妳們社工感動，所以妳才覺得我很大方，其實我本來也很害羞的呢！」美雅解釋道。

「你們蘭嶼人真是客氣，漢人其實沒有那麼高不可攀啦！」我補充道。

第一次看到美雅，是她們一群接受早療服務的媽媽，在台東社工同仁規劃的「療心聊心」家長支持團體成果發表會上展示自己的手創作品，當時美雅的作品是以蘭嶼傳統幾何圖案設計的串珠吊飾與口金包。看到這群婆婆媽媽的手創品時，我心中大感讚嘆！在老師的引導下，她們一個個展現出靈巧的手藝與天分，許多家長因此重拾自信和笑容，美雅更是天生的女紅好手，她也一路從學員漸漸成為可以協助其他人的指導者。

用智慧跟孩子鬥法

除了女紅手創品，美雅在教導孩子方面也很有原則，更是成功的模範。根據臨床報告和國內外的案例資料顯示，對患有小胖威利症的孩子要時時留意他們的飲食習慣和需求，許多小胖威利症的孩子過了六歲之後，就經常處於飢餓狀態，隨時喊著要吃東西，導致這類孩子多半是小胖哥或小胖妹。美雅很有原則，她總是溫和地堅持，並巧妙應付佩佩的需求，因此國小五年級的佩佩體重還在標準範圍內。

美雅笑著敘述她們母女鬥法的趣聞：「每次帶佩佩去早餐店，我都會叫老闆娘把漢堡裡的肉減半，同樣兩個漢堡，直接拿少肉的給佩佩。但是她很聰明，會把兩個漢堡放在手上，看哪個比較重？然後當然選比較重的那個吃。分配食物的時候，她也會先目測哪個盤子裝的比較多，再拿多的那個。雖然她會一直喊餓、還要吃，但我就是不讓她多吃，拿別的東西逗她玩，轉移她想吃東西的慾望。」

正因美雅如此能幹和開朗，她成為我們台東「蒲公英媽媽」團體主要的台柱之一。二〇〇七年，佩佩上小學讀普通班，美雅陪讀了兩年後，發現佩佩在認知方面仍然比不上同儕，同時也體認到與其讓佩佩在普通班吊車尾，不如讓她進入特教班接受個別化教育。如今，佩佩可是特教班的高材生呢！

不需要陪讀之後，美雅來到早療辦事處，和幾位媽媽跟著社工同仁下鄉，走進社區和部落，扮演起早療志工，並用她們製作的手創品與芳療按摩技巧，和許多剛認識的家長分享、互動。後來美雅成為「攜手領航員」，去年我們也以多元就業方案的經費，聘請她成為台東早療辦事處的一員，擔任「療心聊心」家長支持團體的班長一職。

每次看到美雅，她總是一臉喜悅的笑容、說著溫和的話語。從美雅身上，我看到海洋性格的樂觀，以及達悟族人的單純與堅毅。她說：「蘭嶼永遠是我的故鄉，我們會定期回去探望父母，就像洄游的飛魚，只要季節到了，自然就會回來。這是很自然的事，我們達悟族的人喜歡幫助人，喜歡海洋，更喜歡家庭。」

【註一】「小胖威利症」的正式學名為「普瑞德威利症候群」（Prader-Willi Syndrome，PWS），肇因於第十五號染色體異常。小胖威利症的發生率約 1/15,000，70％左右的患者會因為來自父親的第十五號染色體缺陷，導致症狀隨著年紀漸增而有所不同。新生兒及嬰兒時期，孩子的膚色較為蒼白、肌肉張力差、四肢活動力弱，且因吸吮有些困難、食慾不大導致體重不易增加，體型較為瘦小；外型上則有杏仁眼、嘴唇薄而下垂及前額窄等特徵。但自一歲起，病童就會開始逐漸出現飲食毫無節制的現象，主要原因是具有飽食中樞的腦部下視丘功能失調，因此無法控制食慾，造成體重大增。此症目前尚無法根治，只能仰賴長期注射生長激素改善生長激素缺乏的狀況，並協助改善身高、脂肪分布與因肥胖引發的睡眠呼吸中止。

14 我想悄悄跟你說

在十月初一場家長座談會上，我聽見一位憂愁的母親談起聽障兒子的惱人事蹟。我習慣稱呼這位母親為金蘭姐，本以為她必定長我很多歲，結果一問之下才知道她僅大我一歲，但她緊皺的眉頭、花白的頭髮與疲倦的面容，讓人誤以為她已是六十多歲的婦人，由此可知煩惱與痛苦果真是令人衰老的元凶之一。

金蘭姐育有兩男一女，么兒阿明是聽障兒，國小時被送到台北就讀啟聰學校。可能因為從小離家住校的緣故，金蘭姐對阿明心懷虧欠，再加上她覺得是自己沒有給孩子健全的軀體，所以每逢寒暑假么兒回家時，她總是以彌補的心態對待他。

阿明日漸長大，金蘭姐和其他孩子卻沒有跟著學會手語，因此家人和他溝通時只能靠比手畫腳，也不確定彼此是否正確理解對方的意思。書讀不多的金蘭姐有個既粗魯又大男人的丈夫，他對家裡有個「啞巴兒子」一直耿耿於懷，只要阿明做錯事就是一陣打罵，為了保護孩子，金蘭姐總是擋在前面挨老公的棍子或拳頭。畢業後，離開啟聰學校的阿明回到鄉下整天遊手好閒，既沒有工作也沒有朋友，想買東西時口袋空空，跟媽媽伸手又經常要不到錢，於是就開始順手牽羊。

一開始，鄰居知道阿明的處境會同情他，頂多跟金蘭姐告狀，金蘭姐也經常為此向人道歉賠不是；但阿明越來越大膽，有次去打工時竟然偷了老闆的錢！這件事鬧到派出所，對方氣得要告阿明，幸好後來對方答應民事和解，由阿明的老爸賠錢了事。為此，阿明也因此被老爸毒打一頓。

非關業力的先天遺憾

在身心障礙者就業輔導員的媒合之下，二〇一〇年，阿明在鄉公所擔任清潔人員。他很喜歡這份工作，可是大部分的人不懂手語，所以同事要求阿明必須有家人陪同當翻譯，金蘭姐只好陪兒子一同上班，當然金蘭姐也沒閒著，會動手幫忙一起做，但母子倆卻只能領一份薪水。在颳風、下雨或烈日下收垃圾自然不輕鬆，日子

一久，金蘭姐不甘心做沒錢領的苦差事，於是不肯再陪阿明上班，沒多久，阿明就和同事起爭執，丟了這份工作。

許多人都很納悶，認為聽障人士除了聽不見之外，智力和一般人差不多，就業應該不難才對。但其實不然，正因為聽不見，聽障者與人互動時較為防備，造成給人猜忌心強的印象，再加上溝通不易，所以聽障者很容易在工作時和人起衝突。

無事可做的阿明在家裡也待不住，整天在外遊蕩，直到前一陣子，金蘭姐收到派出所的通知，她急忙趕去，只見這次阿明漠然不語，做筆錄時甚至還寫出「想要被關」這幾個字給警察看。

金蘭姐當場大哭，阿明的爸爸則是一來就給兒子一巴掌。身心障礙者就業輔導員黃小姐聞訊趕到想幫阿明解圍，可是他不領情，在和黃小姐筆談時，阿明表示寧可被關，也不想待在家裡。在旁哭泣的金蘭姐告訴黃小姐，兒子讓她生氣、傷心，加上丈夫惡言惡語的謾罵，她也快要被逼瘋了！於是黃小姐來找我，希望我能開導金蘭姐。

我說：「我又不是神仙，哪有什麼超能力？讓她來參加家長座談會，和其他家長聊聊，或許可以舒坦些。」果然在座談會上，金蘭姐激動地搥胸頓足、悲傷哭泣，又說自己到底前世造了什麼孽，才會生下阿明這樣的聽障兒……

金蘭姐這番話，在場所有家長都心有戚戚焉。只見她越說越傷心，我們也才慢慢知道除了因為兒子偷竊要坐牢之外，更讓她氣憤難堪的是丈夫長期的鄙夷和謾罵，說她是前世罪障的業報，才會這輩子生個啞巴孩子！看見金蘭姐長期忍受丈夫的言語暴力，我在會後與社工及就業輔導員討論，認為金蘭姐需要婚姻諮商和協助，必要時或許還得動用「家暴法」中的一些條文來保護她。

除了專業上的判斷，看到同齡金蘭姐的軟弱和忍氣吞聲、活在完全不同的世界的模樣，我的心裡就多了一股想替她出氣的憤怒，可是冷靜一想，這裡是民風保守、想法落伍的離島鄉下，才會認為生個聽障兒是前世犯了什麼罪過；如果是在都會區，不但可以早期篩檢出來，聽障兒還能配戴助聽器或開刀裝設人工電子耳，而許多聽障兒在嬰幼兒期接受聽力輔助技術或「聽覺口語訓練」【註一】後，也大幅提升講話的機會與無障礙溝通的能力。比起二十年前，現在的環境早已改善許多，聽障孩子比從前幸運多了。

能聽能說的幸運小魚

和阿明相比，另一位女孩小魚就非常幸福。同樣是聽障兒，小魚的父母視她為掌上明珠，在雙親和外婆積極尋求資源下，雙耳幾近全聾的小魚在兩歲半時開刀裝設人工電子耳，手術順利完成後，再繼續接受聽覺口語訓練。初次見到小魚時，她連續三次主動跟我說：「阿姨妳好！」雖是含糊的童稚之聲，卻和我對答如流，讓她的母親頗為欣慰。

阿明和小魚的處境對照出聽障兒今非昔比的命運，其中的差異在於醫學進步和補助聽力輔具的福利政策，換句話說，現在一個天生的聽障兒只要早期正確診斷，加上家長當機立斷對症治療或復健，孩子就能擺脫活在「寂靜世界」的夢魘，但許多父母一聽見孩子被診斷是聽障兒，仍會震驚甚至憤怒地說：「我們沒做傷天害理的事，為什麼會這樣？」然而這問題沒有人能回答，因為造成聽力障礙的原因有很多，包括先天遺傳或後天疾病。

無論是何種原因，聽力障礙首先應由耳鼻喉科醫師診視，再按醫囑接受聽力檢查，判斷聽力障礙的原因、程度和可能之部位，接著做後續的處置。當一個人的聽力障礙經過治療卻沒有改善、或無法治療時，就必須考慮聽能復建。針對有聽力障礙和需要聽能復健的人，專家的建議是在聽力障礙只有輕度至重度時，可利用助聽器恢復聽能；當聽力障礙達到極重度甚至全聾、使用助聽器都無助益時，則必須考慮植入人工電子耳【註二】。尤其是聽力障礙兒童，早期診斷並給予治療才能免於聾啞的命運。

有許多人不清楚「助聽器」和「人工電子耳」的功能有何不同？基本上，「助聽器」只是將音量擴大，經外耳、中耳、內耳再刺激聽神經；「人工電子耳」則是將電極植入耳內，將語音訊號直接刺激聽神經，因此即使是全聾也有機會恢復聽能。在科技突飛猛進的今天，聽能復健已不是遙不可及的夢想，關鍵在於早期正確診斷、對症治療或復健，幸運的女孩小魚就是最好的例子。

十月中旬，我專程到宜蘭「雅文兒童聽語文教基金會」【註三】看小魚和她媽媽。媽媽秋平很健談，她之所以樂於分享小魚三年來的點點滴滴，是因為她是過來人，深覺有責任讓更多人知道聽覺障礙不可怕，是可以早期發現、早期復健的。她樂於和我分享許多可貴的親身經歷，更樂於經由我的文章，讓大眾了解聽障兒的世界。

秋平說，她在懷孕時就檢查出小魚是有「雙套腎輸尿管」的孩子，因此她完全沒挑日子，一開始陣痛就決定剖腹生產。小魚出生後第十一天，秋平才第一次見到女兒，當時小魚身上插了五條細管，醫師說幸好現在的醫學能及時處置這種狀況，小魚的先天缺陷才能獲得控制與改善。

小魚出院四個月後，有天深夜突然發高燒，原因可能是「雙套腎輸尿管」在作怪。等她八個月大時，小魚爸爸發現孩子有異狀，於是跟秋平說：「小魚好像聽力有問題，我教她說『爸爸』，可是她只會盯著我看，完全沒反應。我們應該帶她去醫院，讓醫師檢查看看。」

秋平同意老公的說法，公公婆婆卻說「大隻雞慢啼」，要她別緊張。就這樣又拖了四個多月，直到小魚滿周歲後，秋平和老公才偷偷瞞著公婆，帶小魚到醫院耳鼻喉科做檢查。結果，醫師皺著眉頭對他們說：「這個孩子雙耳聽不到，最好開刀裝人工電子耳。」

秋平說當時她腦筋一片空白，從沒想到自己可愛的女兒是聽障兒！小魚爸爸則冷靜地問醫師：「裝人工電子耳要多少錢？」

「大約要兩萬美金。」醫師答。

「兩萬美金是多少錢？」秋平傻傻地問老公。

「差不多是六、七十萬台幣……」

知道真相後，秋平和老公抱著小魚憂傷地走出醫院，回娘家抱著自己的母親痛哭一場。幸好秋平那學護理的母親鎮定又積極，除了安慰女兒和女婿，之後更扮演特搜隊角色，只要聽說誰家的孩子開刀裝過人工電子耳，她就想辦法弄到電話，主動去電請教對方，努力將開刀的相關資訊或手術後的復健資料全弄到手，也因此才找到宜蘭的「雅文聽覺口語訓練中心」。

談到這裡，我不禁想起金蘭姐。她和秋平的母親年紀差不多，可是一個住在離島鄉下，一個身處宜蘭市區，民風不同、教育水平有別、資訊的取得和豐富程度也是天差地遠，當然，再加上性格特質的差異，因而造成這兩個身心障礙者家庭的處境有所不同。國外專家曾指出：家庭不易分類，也不需分類，只要把握優勢觀點和人本精神，無論案家背景如何，都有其相對應的處遇內涵可執行。換句話說，就是個體在情境中會有其優勢與劣勢，如果專業人員能準確地評估家庭動力和他們的個

別差異性，社工人員的服務計畫才能符合家長的需求，這樣的陪伴才是人性化的。

大牌神明的指示

再回到小魚的故事。這個孩子從一歲半開始到「雅文」接受聽能復健，她的雙裸耳分別僅有90ｄB和100ｄB的聽能，屬於極重度聽損。最初小魚戴著助聽器學習，但是進步不明顯，到兩歲半時，小魚爸爸主張讓女兒開刀裝人工電子耳，可是祖父母反對，理由包括危險、要支出龐大醫療費，還有神明指示小魚不能在五歲前動刀等。於是同樣相信神明的秋平，積極地去找更大牌的神明，她向神明祈求、討價還價，最後終於獲得神明答應，並以此說服公婆，最後夫妻倆帶著小魚到台北馬偕醫院，找林鴻清醫師開刀。

聽到這裡，我笑著問秋平：「妳找到馬偕的林醫師，也是神明的指示嗎？」

「當然不是啦，是我們去台北幾家大醫院暗中打聽的。有位媽媽是某家醫院的護士，卻選擇讓兒子到馬偕開刀，她跟我說：『開完刀後跟醫師的持續溝通和復健追蹤，對家長而言才是更重要的部分。』聽她這麼說，我們就決心從宜蘭到台北開刀。我們真的很幸運能找到馬偕的林醫師，更幸運的是這一路上有許多貴人相助！所以我懷著感恩的心，想跟大家分享我們的經歷。」

像小魚這種先天性聽障兒，經由早期發現和治療，加上助聽器科技的進步，長大後能自然融入一般環境，但是開刀裝設人工電子耳的孩子仍必須進行「聽能復健」。我看過兩、三個裝了人工電子耳的小孩，由於家長沒有繼續讓他們做聽能復健，反而導致更不好的結果，因為他們已習慣活在寂靜的世界中，裝設電子耳後雖然能聽到聲音，卻不知道聲音代表的意義，孩子反倒覺得更加不安。與其如此，不如讓孩子繼續活在從前沒有干擾的世界還比較好吧？

神奇的聽覺口語法

開過刀或戴助聽器的聽障孩子，能透過「聽覺口語法訓練」，學習利用口語和別人溝通，而孩子若能從小開始訓練，透過每日遊戲及活動參與，便可在進入普通學校或回歸正常社區等自然情境下發展溝通能力。為了達到聽覺刺激的效果，老師還會運用遮口、與兒童並肩而坐、錄音帶等方式，避免孩子利用眼睛「讀話」。

早期聽障兒只能透過手語或讀唇的方式與人溝通，雅文基金會則透過聽覺口語法訓練，讓他們能開口說話，這真的是一項意義非凡的公益事業。花蓮和台東縣不僅極缺語言治療師，更沒有「聽覺口語法訓練」的訓練處所，幾年前，花蓮的聽障兒家長都得帶孩子到台北做復健，幸好宜蘭的雅文基金會成立了，讓花蓮的家長輕鬆許多，現在只要到宜蘭復健就可以了。不過，對於住在瑞穗以南、玉里鎮或台東池上地區的家長來說，到宜蘭一趟也得花上三個多小時，長期帶幼兒出門接受聽能復健，還是既奔波又辛勞。

因此，當雅文想來花蓮發展、希望能服務更多花東地區的聽障兒時，便提出希望與我們的早療協會合作，方法是我們將聽障兒轉介給雅文，並長期免費提供一間教室供他們做「聽覺口語法訓練」。我覺得這是一件好事，而能共襄盛舉協助家長改善孩子的聽能，更是我們義不容辭的任務！所以二〇一〇年開始，每週三下午都會看到雅文的芸臻老師拎著大包小包的教具，從宜蘭趕來花蓮，借用我們一樓的教室提供「聽覺口語法訓練」，我也因而對聽障兒有更多的認識。

每當我看到眉清目秀、眼神聰慧，小耳朵掛著助聽器或人工電子耳接收器的孩子時，心中總是充滿無限感動與欣慰：感動的是父母不辭辛勞，每週或每月帶孩子來讓芸臻老師追蹤或指導；欣慰的是我們只能提供一個小小的地方，芸臻老師卻不嫌簡陋，每次都是盡心盡力、非常有耐心地引導孩子如何理解每個名詞和動詞的意義，以及每個聲音所代表的動作與情境。過去我從沒想過名詞和動詞可以和某項物品或動作連結，總認為這一切理所當然，可是我從聽能復健孩子身上看到，原來名詞和動詞不像我們想的那麼簡單、容易理解。

所以，我經常看到芸臻老師帶著聽能復健的孩子，利用我們辦公室中的物品和情境做聲音配對，這也說明為什麼裝上電子耳後，還必須做聽能復健的原因，而「聽覺口語法訓練」則是讓原本一輩子無法言語的孩子，擁有開口說話的契機。

早期療育雖然未必是各種障礙兒的萬靈丹，但若能早期發現聽障狀況，利用早期輔具介入，加上聽覺口語法的訓練與家庭的全力配合，活在寂靜世界的孩子也能走出來，聽見一切美好的聲音。

【註一】「聽覺口語訓練」是藉由擴音系統把聲音放大，將聽覺、語言、認知依其自然發展之程序，在有意義的情境中透過會話式的互動，讓聽障兒學習傾聽、說話及語言。換句話說，聽覺口語法十分注重殘存聽覺的運用與口語的表達能力，也非常強調將聽覺納入聽障兒全人的一部分。

【註二】聽力輔具補助目前分為助聽器及人工電子耳兩大類，助聽器的部分，低收入戶單耳最高補助一萬元，雙耳二萬元；非低收入戶單耳補助五千元，雙耳一萬元；十八歲以下在學學生最高雙耳補助二萬八千元，十二歲以下兒童得每年申請一次。人工電子耳補助金額為低收入戶最高六十萬，中低收入戶四十萬，一般戶補助二十萬。相關補助資訊可洽詢各縣市政府轄下的社福單位，取得應備文件向縣市政府申請補助。

【註三】雅文兒童聽語文教基金會是由鄭欽明、倪安寧夫婦以先天極重度聽損的次女雅文為名，於一九九六年共同創立。當年鄭欽明夫妻尋遍世界名醫，最後以「聽覺口語法」教導女兒，讓女兒得以開口說話並進入普通學校就讀，之後兩人成立此基金會，長期幫助台灣聽障兒學習「傾聽」與「說話」，並自加拿大聘請國際知名教育專家來台，協助專業師資訓練與教學，讓「聽覺口語法」在台灣紮根。基金會的網址如下：http://www.chfn.org.tw

15 爸爸是她的大玩偶

小可長得白白淨淨、臉圓圓、紅嘴唇，還有一雙有著深黑睫毛的大眼睛。這位十一歲的可愛女孩是蕾特氏症（Rett Syndrome）【註一】患者，被台灣醫界形容是「不停洗手的沉默小天使」。

關於蕾特氏症，特教領域或早期療育的夥伴並不陌生，早期有人把它列入自閉症中的一種障礙類型，後來才知道其實不屬於自閉症。患有這種症候群的孩子，發生機率不到萬分之一，目前屬於「罕見疾病家族」，是由一種人類甲基化CPG結合蛋白2（MECP2）基因突變所導致。在臨床上，蕾特氏症皆在孩童時期發病，一旦這些孩子不幸患病，不論中外、不分種族，症狀都極類似，也就是不斷重複性的扭轉手指或搓揉指頭，而且絕大部分的患者都沒有說話的能力，因而被稱為

「不停洗手的沉默小天使」。此外，蕾特氏症目前都發生在女性身上，這也是人類基因神奇的特徵。

咖啡館之約

小可五、六歲時，我們在台北某次家長座談會上有過一面之緣，之後就再也沒見過她。二〇一一年九月，在某特殊學校的音樂會上，我又意外遇到小可和她的父母，已經長大的小可將頭髮綁成高高的馬尾，白白淨淨地好可愛。她隨著歡樂的音樂晃動身體，不停地搓手，宛如替台上的表演者熱情鼓掌。

這次音樂會，我正好有機會和小可的爸媽比鄰而坐。我很關心小可的發展，也很關心他們身為父母的內在感受。我記得蕾特氏症是一種退化症，近期的國際文獻卻指出蕾特氏症未必是退化症，許多患有此症候群的孩子能在生活中學習與獲取新技能。雖然她們都合併有智能問題，但是「直覺總告訴我們，她其實知道很多」，所以文獻上呼籲對於治療目標，治療師和父母應抱持不絕望且實際的態度。

當我讀到這篇文章時非常興奮，這也讓我更想拜訪小可的父母，希望能聽聽他們的想法。於是我選擇某個週末的晚上，約小可一家三口在咖啡館見面。

通常拜訪身心障礙者或遲緩兒童家庭時，我會選擇前往對方的家，但對象是小可的父母，選擇在咖啡館碰面的原因之一是不希望讓他們覺得我是去家訪、是在工作，我寧願讓小可的爸媽認為我是以朋友的身分約他們出來聊天，不過，最主要的原因是小可的父母擁有讓我認為必須謹慎面對的身分——大學教授和傑出舞蹈家。或許是我個人的偏見，總覺得高知識份子或高社經地位的父母，較難對外人承認家有身心障礙兒，當然，我寧願相信這是自己的偏見，因為家長遲早都得承認和接受孩子有發展障礙與身心缺陷的事實。

父母的態度是關鍵

在與小可父母深談兩個半小時後，我對他們的印象徹底改觀了。原來小可的爸爸親切又平易近人，樂於分享養育小可的經驗，而她的媽媽美麗大方、自在又散發著藝術氣息，難怪他們可以養育出模樣甜美的小可。

這是我發自內心的讚美，在訪談中我追問他們如何養育小可：「柯老師，請問

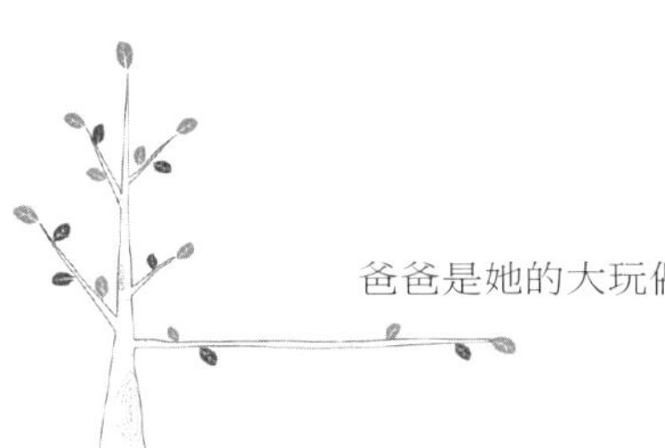

你們什麼時候發現小可患有蕾特氏症？這些年來，兩位做了哪些事幫助小可成長？我覺得，你們的態度一定是關鍵。」

「一開始，是小可她媽媽發現狀況不對的。在她大約八個月大時，我太太發現小可不會爬，只會用屁股移位，而且她的眼睛幾乎不看人，所以我們帶小可到醫學中心檢查。起初醫師不確定她是屬於什麼症狀，只說有發展遲緩的情形，後來我們發現小可漸漸會注視我們，聽到聲音時也會轉頭看聲音是從哪裡發出來的？我們覺得她的反應有在進步，即使醫師說她可能有蕾特氏症，我們還是把她當寶貝來照顧。」

「看你那麼疼愛小可，不但輕聲細語，還不時擁抱她，真像『前世的情人』。我很好奇，難道你們從來不曾有過沮喪和低潮嗎？」

「當然有。我們曾經哭過，也問過上天：『為什麼是我們？』可是我們知道父母若不開心，為了孩子症狀而經常愁眉苦臉，孩子一定也會感受到。我們不希望小可覺得父母不喜歡她，所以在她一歲多之後，我們夫妻就不再為小可是哪種障礙類型哭泣或爭吵，盡量讓家庭保持和樂，兩人輪流照顧小可。」

「你是大學教授，太太是舞蹈家，兩位又是如何克服這些心理障礙？」我繼續追問。

「我知道小可喜歡熱鬧、喜歡看人，所以我會帶她去學校。我是教兒童戲劇的，當學生練習演戲時，小可就坐在旁邊，她若微笑，我就跟學生說：『你們演得不錯。』小可打瞌睡了，我就開學生玩笑說：『你們演得太遜了，連小可都看不下去啦！』學生們都哈哈大笑，他們並不在意我有這樣的孩子。」柯老師自在的神情，讓我敬佩。

從孩子的角度出發

「柯老師，我想你一定很愛小可，但是她不會講話，你怎麼和她說話呢？還有她鬧情緒時，你怎麼猜到她心裡在想什麼？」我故意逼問小可的爸爸。

「我用心去猜呀！我完全以孩子為本位去思考，小可餓肚子的時候會發脾氣，我們就知道要給她吃東西；我們勉強她走路時，小可也會想逃避而生氣，我們就嘗試用各種方法逗她、延長走路或運動的時間。總之，我覺得是小可讓我知道要以她

的需求和思維互動，而不是以我們大人的想法去主導她。」

「哇，柯老師您真是太棒了！從小可身上得到這樣的啟示，對你的教學應該也有幫助吧？」

「是呀，過去我們教書都是以老師的立場與教學綱要為主，一門課都制式的從通論、原理、原則和次第章節來設計內容，不過後來每學期開學時，我只填上期中考和期末考的時間，每週的課程內容則是一片空白。我和學生討論，他們最想在這門課裡知道什麼？學到什麼？想達到什麼目標？我發現學生想要的和我原先的預期差距很大，他們說出自己的期待，雖然有時天馬行空，但我幫他們聚焦和匯整意見，最後形成一個師生皆大歡喜的課程表，而且結果常令人驚喜無比。還記得有一門課是『婚姻與家庭』，學生們最感興趣的是談如何抓姦和小三的心態呢。

有時學生好奇的內容連老師都答不出來，我就上網或去圖書館找答案，這樣互動的方式，學生都還滿喜歡的……我想這大概是從『角色互調』、揣摩小可內心世界獲得的啟發，所以我覺得和小可的溝通基本上沒有障礙。」柯老師一臉滿足的表情，還不時抱著小可，父女倆鼻子對鼻子地碰來碰去。

「柯老師，你這麼疼愛小可，小可的媽媽會不會吃醋？」我故意把視線轉向小可的媽媽，從一見面開始，幾乎都是小可的爸爸和我一往一來地交談，這位美麗的母親則靜坐一旁，優雅地喝著咖啡。

「我已經習慣了！小可只會主動去爸爸身邊讓他抱抱，她不會對我這樣。我們夫妻輪流照顧她，我去上課的時間也盡量和她爸爸錯開，可是她只會跟爸爸撒嬌，在家裡我扮演黑臉。」小可的媽媽終於開口說話了。

「沒錯，不管孩子聽不聽明，這部分他們都很精，都知道家裡誰可以欺負，什麼事可以耍賴。」我附和地點頭。

以孩子的幸福為前提

在彼此的互動熱絡起來後，我想知道他們如何看待小可接受教育和復健的想法。

「對了，你們選擇讓小可去念啟智學校，是基於什麼原因呢？」

「我知道許多家長無法很快決定讓孩子去讀啟智學校，因為擔心再也沒有出

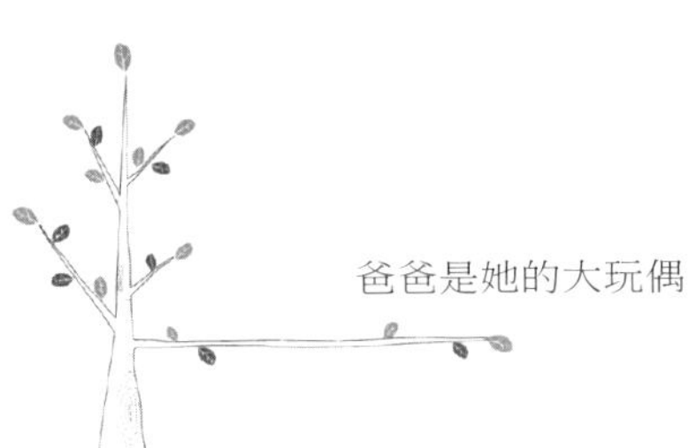

來的機會，此外也不喜歡孩子進入一個被隔離的環境。但是我們在小可準備上小學前，去了幾個著名的學校看他們的融合教育或特教班，發現一般學校對於身心障礙的孩子，相對的在照顧與服務理念上仍然不足，有許多學校甚至故意把身心障礙孩子的班級放在校園角落，擺明了只是因應政策要求必須收這些孩子，實際上學校心裡根本沒有我們孩子的位子，一般家長也不會替這些孩子爭取更好的教育權。即便是家長會，我們這樣的家長也是少數，校長還是比較關心一般學生的需求，所以我們決定以孩子的幸福為前提。

而且，小可第一次去啟智學校時，就表現出很開心的樣子，因為整個環境是專為特殊孩子設置的，不但有寬敞的校園，還有無障礙的環境，再者學校的師資也不錯。或許這也和少子化有關吧，許多特殊學校快招不到學生了。」柯老師侃侃而談地抒發內心的想法，雖有無奈，但不失客觀。

「再過幾年，國立啟智學校可能都要改稱特殊學校了。因為少子化，身心障礙的孩子也越來越少，一方面是早期療育的實施已經落實，一方面是資源班和巡迴團隊的興盛，這些啟智學校不能再只挑輕、中度智障學生，現在各種障礙類別、重度或極重度學生也得收。只要老師認真教學和真心對待我們孩子，我認為這個選項是給家長多一個選擇。」

雖然我不推崇這種集體管教的生活，以及特殊教育封閉、保守的環境，尤其是二〇一一年九月又爆發台南某特殊學校性醜聞事件，但我還是尊重柯老師的想法。

在這個問題得到答案之後，我試著了解他們對小可將來的變化，或再生第二個孩子的想法。

「我們夫妻談過這些問題，不想再生不是怕生出第二個異常的孩子，而是我們希望好好陪伴小可，用全部的心力照顧她，就像妳說的，孩子的生命歷程是最重要的。我們想把往後的一切都給小可，只要她快樂幸福，我們就滿足了。」柯老師的語氣平靜而篤定。

如何有效治療

「文獻上說像小可這樣的孩子，到了穩定期或後期會有明顯的退化。現階段你們仍然繼續讓她做復健，那她都做哪些訓練內容呢？」

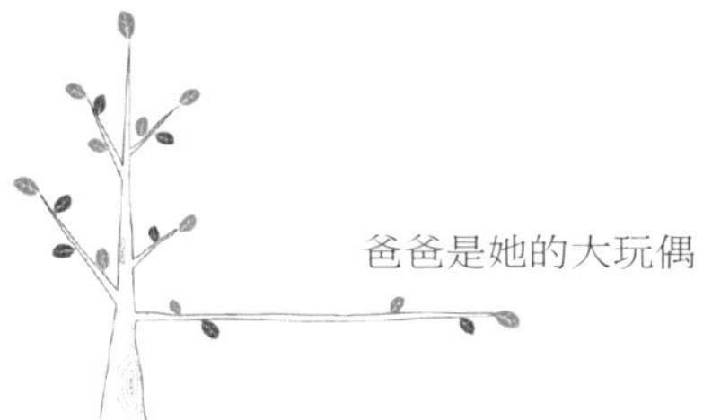

「物理治療，就是一些動作的靈活度訓練和耐力培養，還有職能治療，做一些用手臂去推障礙物的動作。」柯老師回答。

「嗯，很好，本來蕾特氏症孩子的手部精細動作是最難改善的，但是治療師設計推移障礙物的活動，至少讓小可有『防身』的功能，不會在被東西擋住或快被絆倒時，都沒有動手反應的能力。所以我覺得，讓小可做這些復健真的很重要。」

「是呀，所以我們夫妻每週都會輪流兩天帶小可到醫院做復健，也經常一起帶她出門走路。減緩小可動作停滯和讓她開心，是我們最關心的事。」難怪小可媽媽答應我的邀約時，隨即提出要全家總動員的想法。

讓小可這樣的孩子多動，比讓她學習認知更有意義和迫切性，誠如文獻中的重要提醒：「蕾特氏症的孩子相當清楚自己想做什麼，但因為嚴重的『失用症』讓她無法表現出來，她也知道自己想說什麼，但就是無法說出來。只要給予適當的支持和鼓勵，她就能主動做出選擇，而讓她能自己決定想做什麼是一種有力的動機，更能因此產生有效及成功的合作關係。在治療的過程中，治療師必須獲得她的注意，並與她保持情感上的互動，但如果感受到太多的壓力，她反而會退縮，造成治療效果有限。」

第一次和小可一家三人的約會，真是令我意外又驚喜！因為小可是那樣溫和、惹人疼愛，她不吵不鬧，還會用吸管喝媽媽幫她點的奶茶和鬆餅，不會亂跑亂叫，只會走過來給爸爸抱抱，果真是「沉默的小天使」。

這讓我想起二十年前，我在台北心愛兒童發展中心第一次認識的蕾特氏症兒小慈，她的媽媽一臉憂愁，終日為女兒只會互相把玩雙手而不會做有用的事苦惱。當時我們對蕾特氏症的臨床經驗不多，也不懂得如何引導與對待她們，如今已有研究報告證明：「蕾特氏症的女性患者處理資訊的能力有嚴重遲緩，失用症造成她無法同時思考及做事，當她不需試著在腦中尋求運動或行動模式，而能依本能做事時，她會做得更好。她需要花比較久的時間做出反應，所以對她的努力要有耐心地等待。」

報告中還指出：「在她行動之前給予口頭指示要她想一想，可能會干擾她做這件事情的能力，因為她一次只能使用一種知覺管道，同時看與觸摸，就像要求她同時做算術和女子柔軟體操一樣困難。一次選擇一個感官輸入，將能大大提高蕾特氏

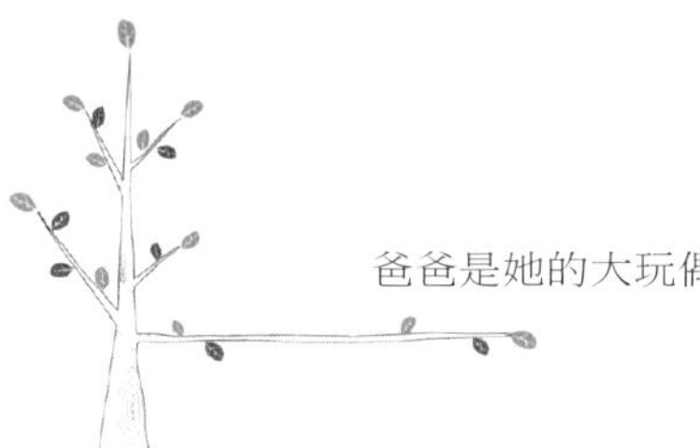

症女性患者的注意力。」

一切，只為了讓孩子幸福

我相信科學與科技是為了更人性化的理由而存在，醫學發展日新月異，說不定哪天科學家就能發現破解「人類甲基化CPG結合蛋白2（MECP2）基因突變」的密碼，研發出新醫療的處方和新藥，這是每個蕾特氏症孩子父母的心願。

我是過來人，當年女兒舒安還小的時候，我也天天希望有奇蹟發生，出現像仙丹的新藥能抑制女兒的頑固性癲癇，能有讓她的胼脂體增生或連結起作用的醫療技術。如果真有那麼一天，或許舒安就能走能跑，也會叫我一聲「媽媽」！但這樣的渴求我現在已全部放下，壓在心中的大石也隨著舒安往生而徹底鬆開。

然而，我懂天下父母的痴心，只要世上還有發展遲緩或先天缺陷的孩子存在，我就會感到不捨並持續關懷這些家庭，這也是為何我們需要為這些家庭用心、去貼近他們的理由。誠如柯老師所言：「為了小可，我願意當馬讓她騎；為了小可，我還是會去買彩券，希望有一天中大獎，我能去郊區買一個寬敞農舍讓她自由走動。

能讓孩子幸福的事，父母應該都願意去實現吧！」

【註一】蕾特氏症最早由奧地利維也納的雷特醫師（Andreas Rett）於一九六六年的醫學報告中提出，遲至一九七七年在歐洲英語系醫學會報導後，才廣泛引起世界各國小兒神經學醫師的注意。國內則於一九八六年由小兒科醫師許乃月及遲景上在《小兒科醫學雜誌》發表國內首例報告。

16 因為愛，更懂得愛

「大千世界，冥冥中世事已經注定，因為我的孩子，讓我有幸接觸到專門為特殊孩子家長服務的機構——廣州揚愛家長俱樂部。在這裡，我改變了生命中既定的方向。」佳弋的媽媽愛麗斯向我述說她的故事時，一開頭就是肯定的答案。

因無知而擁有的幸福

二〇〇六年九月，我在第二次前往重慶江津市演講時，認識了佳弋的媽媽，但那次我們並沒有特別交流，僅知道她也是家長。二〇〇八年三月，我第二次到廣州，參加「揚愛家長俱樂部」舉辦的「第九屆專業與家長交流大會」，佳弋媽媽是負責該交流活動的主要負責人之一，直到這時我和她才有更多的互動。記得那時我們開心地拍了許多合照，也見到了她可愛的女兒。

其實我也是為了要寫她們的故事，才有機會進一步認識她的過去與現在。佳弋媽媽說：「一九九九年七月十三日，二十九歲的我剖腹產生下了女兒，還來不及多看她一眼，我就因為大出血暈了過去，醒來時，已經是第二天的中午了。住院的那幾天，初為人母的我被喜悅包圍，根本無暇注意兒科醫生為什麼一趟趟來訪，還有那些現在想起來才感到可疑的問話。因為黃疸，我出院時小娃娃正在保溫箱裡，帶著『墨超』照藍光，直到現在，我閉上眼睛還是能想起當時的情景。回想起來，我有很多次機會可以發現女兒的異常，卻因我的遲鈍讓自己做了半年的幸福媽媽，那是一段多美好的日子啊……」如果無知也是一種幸福，我想許多父母寧可不要知道可怕又無望的真相吧。

「休完產假，回到廣州後沒幾天，我就跌入了人生的低谷。帶女兒去醫院打疫苗的時候，我知道了一切，而這一切我的先生早在孩子出生時就已經知曉。先前因為我在坐月子，所以他沒有告訴我，後來就變成不知道如何開口說，而我沉浸在照顧女兒的喜悅中，根本沒看到他日漸蒼老的面容和漸多的白髮。在知道丈夫隱瞞事

實的那一瞬間，我不但沒有心疼他，反而把喋喋不休的埋怨與不滿全部丟給他，五年過後，有位朋友的一句話讓我汗顏，她說：『妳上哪兒找這樣的老公？寧可自己背負著所有的痛苦，也不要讓太太跟著難過？』我真的很不可理喻吧？」

佳弋媽媽繼續說著痛苦的往事：「回想起那段時間，我覺得自己像個精神病患，多疑、猜忌、暴躁、怨天尤人、自艾自憐。因為孩子，我和之前的好多朋友不再聯繫；因為自卑，我不願再帶孩子出去，但面對孩子時，卻又不斷循環著那些負面的情緒，到最後，我選擇了不再面對。在她滿一歲的那年冬天，我把女兒送回河北的老家，之後一年的時間，我用了幾十張電話卡，聽家人敘述她成長中的點點滴滴，也漸漸勾起我封存的母愛。我想，在城市中會讓女兒有機會得到開闊的視野和更好的空間，因此在她兩歲時，我把她接回廣州。」

我想，這就是女性天生的母性，也是無數女人的相同感受——孩子終究是自己心頭那塊難以割捨的肉。

外人眼中的寶貝

「當時我面對的最大挑戰，就是該如何『解釋』，我要如何向親戚朋友解釋孩子的異常，也就是她患有唐氏綜合症？現在回想起來，我的感覺是，如果當時我沒有解釋，可能就失去一次改變命運的機會。就在一次和朋友解釋的時候，她給了我一個訊息，說她認識一位腦性麻痺孩子的家長，這位家長是間專為特殊孩子服務的慈善機構會員，而且朋友還告訴我很多那個家長對於機構的感受。

接著，朋友很快幫我打聽到那位家長的電話和地址，希望能從他那裡獲得更清楚的訊息。可好事多磨，那時『揚愛家長俱樂部』剛從省婦幼搬來柯子嶺，電話已經換了。二〇〇二年四月的某一天，因為打不通電話，我們一家三口拿著地址，從街頭問到街尾才找到俱樂部，記得那天是曹少萍和孔碧瑩接待我們，孔小姐的一聲『寶貝』，叫得我眼淚差點流下來，這個連父母都未必疼愛的孩子，卻成了外人眼中的寶貝。也因為這個溫馨的感覺，我選擇留在廣東揚愛特殊孩子家長俱樂部。」

我懂佳弋媽媽這種驚訝的感受，別人真誠的一聲關懷或一句鼓勵的話，都會觸動我們這些父母敏感的心靈。

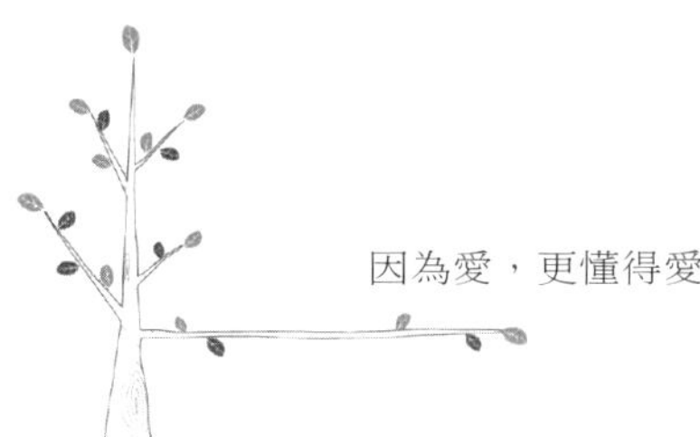

「在『揚愛』我找到了久違的快樂與自尊，我知道我們家只是眾多不幸家庭中的一個，所以不再自艾自憐；我知道有很多孩子的情況比我孩子還差，所以心懷感恩；我知道雖然孩子如此，卻也是我的寶貝。在專家講座中，我知道該如何面對她，怎麼教她；在活動中，我認識很多同樣經歷的家長，聽取過來人的經驗，我整理思路，漸漸有了自己教女兒的心得與體會，從而和新的家長分享自己的經驗。在這個循環中，我除了積極參加俱樂部舉辦的活動，還以家長義工的身分投入俱樂部的大型活動，支持俱樂部的工作。從被幫助的人變成能幫助別人的人，這是俱樂部給我的轉變，在幫助別人的過程中，我體驗到自己的生存價值。」

也因為佳弋媽媽有這樣的心路歷程，所以她很快就能切入家長的心理，並在「從做中學」獲得許多育兒的知能後，還願意回過頭和其他父母分享。這份將心比心的同理，也是我們惺惺相惜的原因。

因為愛而揚愛

「女兒給我的感悟和啟示，值得我用一生的時間去思考與回味。因為她的到來，讓我從沮喪中自強，在悲觀中成長，並且因為愛，更懂得愛，因為失而得到更多。家長俱樂部幫我建立了『事不關己、高高掛起的態度是不對的』的觀念，對『揚愛』來說，我們這幫家長和她們工作人員根本是兩個世界的人，但是因為愛，她們選擇了『揚愛』，而不僅僅因為這是一份工作。『揚愛十年』，這幫可愛的天使用自己的青春在『揚愛』譜寫出十年的輝煌歷史，到目前為止，大陸都還沒有其他直接服務家長的機構。她們知道，只有家長成長了，才有孩子的成長；只有家長不放棄，孩子才會有明天；只有提供更全面的家長服務，讓家長沒有後顧之憂，孩子們才不會被冷落。」

聽著佳弋媽媽如此述說，我更加明白為何她能從一位受助的家長，成為後來的「揚愛家長服務部」主任，她是那樣的明理和聰慧，那樣懂得感恩與回饋。其實特教界的不少民間機構中，也有許多家長轉型為教保老師，而他們往往更貼近家長和孩子的心。

「正因為如此，我走進『揚愛』；正因為我是家長，我選擇和她們一起幫助更多的家庭。花美麗，是因為有綠葉的陪襯，而我們的孩子就是那片葉子，我們要做

的就是告訴所有人『有綠葉映襯的花才更美』。」聽到佳弋媽媽這些鏗鏘有力又動人的詞彙，我打從心底佩服她的文采。

我敬佩眼前這樣的佳弋媽媽，卻也相信她在女兒成長的過程中，必定也曾遭遇許多預期之外的事，所以希望她多談一些過往經歷。

「女兒三歲左右，需要送去幼兒園，我們求人幫忙去她爸爸服務單位的幼兒園說情，可是沒待多久，就因為別的孩子學我女兒走路的樣子，逼我們選擇離開那間幼兒園。」

有哪個正常的孩子不頑皮？不管任何事物，孩子都照單模仿。

「離開幼兒園後，我覺得當時天都是黑的，只要經過幼兒園門口，就想著哪天拿個炸彈炸了它，或詛咒趕我們走的園長不得好死……」看吧，家長被欺負時的憤怒，足以炸掉一座山！

「後來，我就和『揚愛』的馮新主任商量，不如我自己辦一間特殊孩子的幼兒園，可是那時幼兒園和私校不公開對外，民辦根本不可能，所以跑了一年程序仍無疾而終。不過，孩子還是要讀書，我該怎麼辦？慶幸的是在女兒離開幼兒園半年後，奶奶帶她去社區附近的幼兒園玩，園長看到她可愛，就問奶奶她怎麼不上幼兒園？奶奶便把前後緣由告訴園長，園長看到我女兒玩完玩具後很有規矩地收好，很喜歡女兒，於是收她進幼兒園。

就這樣，女兒和那間幼兒園結了不解之緣，一直到她七歲讀國小，放學後還是在那間幼兒園托管了三年。因為當時她爸爸一直在外地工作，基本上都是我一個人照顧她，但我那時在上班，離家又遠，沒辦法接她放學，所以幼兒園的老師幫我去學校接她，我再去幼兒園帶她回家。」

聽了佳弋媽媽這段話，我真替她們高興，我相信是因為她懂得如何在生活中給孩子正確的常規，例如把不玩的玩具收好，以及知道讓孩子學會禮貌和適當地語言情境引導，才能夠獲得那位園長的青睞。

一心助人，自己卻受益更多

「當女兒去幼兒園後，我開始找工作，而且一定要朝九晚五的工作，才能每天接送她，所以我曾經做過保險和『益力多』銷售，考量的正是時間充裕和有彈性。

就在『益力多』準備讓我升職前，『揚愛』需要一個職員，馬蓮女士立刻想到了我，雖然工資還不到我原有工資的三分之二，但我仍然毫不考慮就辭去『益力多』的工作。

和『揚愛』正式簽約前，二〇〇六年我去了重慶，在江津方老師那裡認識了妳，對我有很大的鼓勵，讓我期許自己也能做一個這樣的人。當時我沒想到要幫自己，只想著幫其他的家長，但最後卻是我自己受益更多，對我的幫助極大。其實，當時也不是一開始就有決心出來做，就是機緣巧合而已。」

生命就是這麼有趣！許多時候，我在不同場合講述自己的經驗與感受，我總是掏心掏肺地說，至於什麼時候撒下了一粒種子，而這種子又如何吸取養分成長，我都是後來聽當事人講起，才知道原來自己也可以影響其他家長。

二〇一〇年春天，我受邀到深圳自閉症研究會演講。晚上我從旅館打電話給佳弌媽媽，原本只是單純的問候，沒想到她告訴我，她對服務唐氏症兒和其家庭有特別深的情感與使命感，問我該如何在現有組織的體制下，提供為唐氏症兒服務的方便機制？我建議她不妨找主管討論，是否可能在不同的部門中，另闢一個以服務唐氏症兒的專案，讓她可以充分發揮，實現夢想和理想。

離開，實現理想的開始

經過一段沉寂的日子，二〇一一年春天，我突然接到佳弋媽媽的信，告訴我她已經離開「揚愛」，以及做這個決定的掙扎與痛苦。雖然佳弋媽媽沒有說明離開的原因和細節，但不需追問我也能懂：一個有理想、有企圖心與抱負的人，倘若組織無法提供資源或給她舞台，離開另覓處所是合理且必然的。我自己身為組織的主管，對於同仁的離職也經常自省是我們組織提供的養分不夠？還是個人的生涯規畫？人與人之間的聚散，原本就是自然的一部分。

過了幾個月，佳弋媽媽又捎來一封信，說她正在籌畫一個服務唐氏症家長的網站，由於大陸的體制和管理，她無法以個人身分或財力架設網站，於是暫時把這個網站架在廣州殘聯（廣州殘疾人聯合會）官方網站的帳號之下，佳弋媽媽就是有這樣的權宜和智慧。再過一陣子，又收到她的來信，信中希望我推薦幾位台灣的治療師，在網站上家長諮詢時能擔任提供專業回覆的「被諮詢」對象。我想這是舉手之

勞，於是就把她的邀請信函轉寄給熟識的幾位治療師，後來獲得一位語言治療師和一位物理治療師的應允。

在大陸，身心障礙者家長的聲音可以被聽到，政府和大眾都清楚家長的需求，也都知道有數量龐大的孩子需要接受早期療育或特殊教育；但大陸就是地廣、人多，雖然目前有幾千萬個身心障礙人士，但他們的發展綱領仍是先讓社會經濟起飛，弱勢者的福利需求才有機會分到一點油水。這幾年，中國的經濟實力已經非常亮眼，按理說在身心障礙社會福利工作這一區塊，要有相對的開放和躍升的作為，只可惜速度太慢了，整個環境的覺醒和決心也太微弱了。

這讓家長們非常焦慮，眼睜睜看著孩子的時間在流逝，卻一直等不到上面「一條鞭」雷厲政策的實踐。我形容大陸的殘聯體系就像艘航空母艦，要轉個彎或動起來，得先啟動無數周邊機械或動能，方有足夠的能量發動這艘大船前進。

我想佳弋媽媽也明白這個體制的僵化和緩慢的速度，所以她先以小快艇當個先行者，這是條不輕鬆的道路，但也拜時代科技進步之賜，靠著網路得以突破空間的限制，對於廣大的中國大陸家長在交流資訊上，不啻為經濟實惠又便利的方式，我可以預期佳弋媽媽的網站將樹立小兵立大功之舉！我深深地祝福她。

與金蕊結緣

這十年來，我進出大陸十幾趟，每趟幾乎都會和家長自力組織的機構互動。這些以家長為核心的民辦機構，大多數經營不易，但也都在經歷考驗後熬過來，可是還有無數鄉鎮，正等待著多元啟智機構或更人性化的服務處所誕生。

二〇一〇年十一月時，我在北京「二〇一〇年身心障礙NGO論壇」上，認識了一位中心負責人馬主任。當天她主動來認識我，我卻不知她想問我什麼？接下來兩天的時間，她常有意無意地出現在我眼前，於是我主動問她辦機構的心情，馬主任這才告訴我，她也是一位腦性麻痺兒的媽媽，原本與丈夫在廣州工作，為了這個女兒和兩歲大的兒子，毅然獨自返回故鄉沁陽開了一家康復中心，即使無財力奧援，仍然苦心經營著。

我聽了之後，心疼和同理心油然而生，毫不考慮便真誠地對她說：「沁陽在哪裡？我明年大約四、五月時去看你們。」

「好呀！沁陽在焦作市附近，焦作屬於河南省。」她答道。

我們彼此沒有多說什麼，也沒時間多交談，論壇結束後便各自返鄉。二〇一一年春節，我們以電子郵件相互拜年，到了三月初，我寫信給馬主任：「我四月中、下旬會去看你們，希望同時能和家長座談。」就這樣，我以公益旅行的方式來到了完全陌生的沁陽鎮「金蕊兒童康復訓練中心」，馬主任說她實在難以置信，我竟如此信守諾。

「金蕊」就跟我這些年參訪的大部分民辦康復機構沒兩樣：環境老舊、設施設備簡陋、教材教具缺乏、教保老師或康復訓練人員採用土法煉鋼的方式、家長和孩子缺乏笑容……這場景，我相信和二十多年前台灣的機構應該差不多吧？這說明了民間啟智機構都是這樣艱辛起家的，這一區塊的人道服務也大都是從苦澀、灰濛濛中默默耕耘、茁壯，而我選擇大陸民辦機構參訪和分享經驗的原因，就是希望能雪中送炭，而不是錦上添花。

猶記在「金蕊」和家長分享的午後時光，讓我相當震撼與感動。那天約有三、四十位家長和數位小孩出席，許多是隔代教養的奶奶或嬤嬤，也有四位爸爸前來參與，我笑稱是「三代同堂」的聚會。首先，我們一起觀看「最美的奉獻」【註一】，我默默地觀察有多少位家長的眼眶是濕的？通常這部影片能深深觸動幾位在場觀眾的心。

看完影片，我告訴這些農村的長輩和家長：家中生出這樣的孫子或孩子，絕對不是「報應」或「相欠債」，我舉出許多中外身心障礙者的故事，證明這是文化形塑和個人價值觀的差異，我們沒必要被這種消極與自怨自艾的觀念折磨及牽絆。

台下許多家長露出深感同意的表情，而在看到我播放自己故事的ＰＰＴ簡報檔後也大受感動，我的故事激勵了他們，讓他們明白原來家長也可以這樣自我肯定和跨越難關，活出精采與希望！突然間，一位大約五、六十歲的老婦人，摟著腦性麻痺的孫女走到台前，高聲唱起歌來。那是首激勵父母勇敢愛孩子的動人歌曲，老嬤嬤一邊唱，一邊感動地哭泣，我上前擁著她們的肩，自己也忍不住掩面大哭，氛圍實在太感人了。

告別沁陽的馬主任，返回台灣後，有很長一段時間我經常掛念著她，回想著她陪我到河南舉世聞名的雲台山一日遊時，我們在山腳下的談話。經過兩天一夜的相處後，馬主任卸下心房，幾乎毫不保留地告訴我經營「金蕊」的坎坷過程。聽著她為機構的生存到處張羅老師的薪水、如何忍氣吞聲與官員周旋、又如何提心吊膽應付老師突然說不幹了就走人的種種難關……我看著她堅毅的臉龐上那噙著淚光的雙眼時，忍不住摟著她的肩膀說：「妳真的很了不起！這不是普通人能幹或願意幹的事，而妳正在做！」

沙漠中的綠洲

偶爾我會閉目思量：倘若我也是生在大陸的家長，我的遭遇會怎樣？我會是現在的樣子嗎？女兒的生活品質又會是怎樣的光景？雖然我在第一本書《慢飛天使》中描述當年我們深受貧窮之苦，但是也僅辛苦七、八年，因為之後台灣的全民健保啟動，有了全民共同買單的機制，讓我覺得雖然照顧女兒很不容易，卻不需操心女兒每月的癲癇藥和三不五時的住院費等醫療費用。而且在我搭上「早療列車」之後，整個人生開始轉變，一關過一關地蛻變迄今，可以說不論是個人內在的豐富度或是國家的政策與福利多樣性，都讓我們這些家長有今非昔比的感受。

然而，回頭看看今日的對岸，為數龐大的身心障礙者家庭正經歷著我二十多年前遭遇到的困難，包括個人家庭經濟匱乏、提供療育處所不足、特殊教育環境不精、大環境不夠友善等，猶如身處荒漠之中。

由於曾多次與大陸家長深入互動，讓我得以排除政治意識型態，一心惦念著家長熱淚盈眶和孩子迫切的療育需求，他們的盼望與等待，激起我內心的澎湃與跨越海峽的步伐，因此，我在二〇一一年春末開始計畫前往大陸的公益旅行，並希望台灣的朋友能支持我的行動。誠如佳弋媽媽所說的：「因為愛，更懂得愛。」基於對女兒誠摯的愛，我願意化身為其他家長心中那片帶來甘泉的綠洲。

【註一】「最美的奉獻」是美國迪克和瑞克父子二人檔的故事，他們組成「賀特二人組」參加超過一千場次的馬拉松賽，「我不是英雄，我只是個父親。我所做的，只不過是套上跑步鞋，用輪椅推著我兒子而已。」迪克爸爸這樣說，他們的故事在YouTube上超過九百萬人點閱，是一則令人動容的父子情深故事。

17 放手前後

能說出「悲欣交集，生死兩無憾」是多麼的欣慰與幸福！這句話也是舒安往生不久後，我心中湧現而出的感受。

我的女兒舒安，生於一九八七年八月七日，歿於二〇一〇年九月十四日清晨，得年二十三載又一個月。五個月大時，舒安出現嬰兒點頭痙攣，經醫療確診為「胼胝體發育不全症候群」，從此展開了她艱辛且奇妙的一生。舒安像棵靜默的樹，靜靜地佇立在我家，如今這棵樹雖身已不見，她的根卻早已深植於我和家人的心中。

內化於生活中的想念

我有位朋友也是多重障礙孩子的媽媽，她曾對我說：「如果孩子去世了，通常父母大約需要三年來療傷，我也是花了三年多的時間，才讓兒子離去的傷痛逐漸淡去。」

我經常想到她這句話，也很想再跟這位朋友談談我的感受。我想告訴她：「雖然我女兒走了，但她還是天天在我心裡，所以我沒有悲傷，也不需要時間療傷。」

這是我心裡真實的感覺，因為我的書桌旁貼滿了舒安笑容燦爛的照片，每天我大約有三到五個小時會坐在書桌前處理事情，只要抬頭或側身，就會和照片中舒安的眼睛對望，我沒有驚愕、沒有不捨，只是回以微笑或沒有什麼特別的感覺。

有時我會想，一個和我朝夕生活二十三年多的孩子就這麼消失，再也看不到她的身影，我真的不難過也不想念嗎？然而坦白說，我一點也不難過，不過卻很想念舒安，這份如影隨形的想念，已經內化成我生活裡的一部分了。舉凡提到我的工作、我的角色和我目前的處境，每件事都與舒安息息相關，所以我無須計較舒安的肉身是否離去，因為她今生今世都與我同在，只是我現在沒有負擔、沒有尷尬、沒有遺憾，只有滿心感謝和選擇性記憶舒安那天真無邪的燦爛笑容。

我真心地感謝舒安，在她二十三年的歲月裡，提供我一個社會工作者的「實習

現場」，讓我從家長的身分逐漸蛻變為助人者。在這段經歷中，雖有角色尷尬的過程，卻讓我更能以「過來人」的心情看待接受服務的家長，也更了解家長內在的需求與感受。就早療社工的角色而言，雖然我做得不夠好，但是我的同理心更能靠近家長的心。

放手前的敬畏之心

五年前，我出版了《慢飛天使》一書，書中詳述我們母女的故事。在這本書的最後一章我寫著：「經歷了不少風浪後，我把『吃苦當吃補』，但就是無法克服對死亡的敬畏！」因為我心裡掛記著舒安，常暗自想：「如果有天我比舒安早走一步，她會怎樣？台灣的社會福利制度已經完善到能讓我安心、含笑而別嗎？」

答案當然是「不確定的」，所以我很擔心自己一旦早走該怎麼辦？十幾年來，我經常提醒自己，舒安的生命有如風中之燭，她的健康狀況就像「有破洞的風箏」，想高飛也飛不起來，徒具外型卻沒有應有的功能。

常處於舒安與死神拔河這種驚嚇中的我，有時會懷疑自己是不是太過神經質了？但我仍舊時時謹記海德格的提醒：「不僅不能淡化這威嚇，還必須將自己把持在這威嚇之中。」對這句話，我的解讀是能把「死」這件大事真正放在心上，才能更積極地度過每一刻，我也才會更珍惜和舒安共處的時光。

說真的，要讓身心障礙的孩子好好活著是一件不容易的事。大約五、六年前開始，若遇到舒安病況沉重，我不再全心祈求她非好起來不可，而是轉念想著：「如果病情能好，就趕快好起來；萬一住世因緣將盡，也請讓她受最少、最少的醫療折磨，而能安詳往生。」這些話，就是我這幾年來的禱告詞。

奇妙的是，舒安每次大病痊癒後，總會讓我覺得她的反應比以前更多一點，也就是她的情緒反應及表達開心與否的方式更強烈，她那宏亮開懷、隨心所欲的叫聲，彷彿傳達出「我又戰勝了病魔！」「我還不想走！」的訊息。

是的，我無法讓舒安擁有健康正常的身體，但我給她百分百的安全感和支持，我只能盡責地提供保健養生的資糧，無權剝奪她活下去的意願。我從舒安身上看到生命的不可思議與韌性，也從中體會了付出及回報之間的奧妙。我的女兒舒安，是上天賜給我學習生死功課的寶貝。

生死兩相安

不論對去世者或是活著的人來說，要做到「生死兩相安」才是解脫的真境界，但這不是個容易的功課，尤其對病苦的人來說，死亡雖是一種解脫、一種離苦得樂，可是如何讓生者與死者兩相安呢？這不是一種膚淺、自我安慰的感受，我認為死亡既是一個歷程，也是一個禮物，而經歷過相同處境的照顧者，比較能理解其中的意義。面對舒安的生與死，我的好友對我說：「生命起源就有殘缺，能夠無憾而終就是一種圓滿，值得恭喜！」我真的很感激親友如此善待和肯定我們，這讓我寬心不少。

今年初夏，以前的同事璽如向我邀稿，希望我能以喪女的親身感受，鼓勵其他長期照顧重症病人的家屬走出悲傷。在電話裡，我毫不猶豫地告訴她：「一個即將走向死亡的人會有很大的恐懼，但是讓他知道將會去哪裡，離開時清楚意識到誰會來接引他的靈，這是很重要的一件大事！好比第一次要出國的人，擁有安全感一定是最重要的，若有人來接機，一定會讓他安心不少。我非常主張要跟家屬談臨終前的終極歸屬，例如靈性照顧，這與宗教信仰有絕大的關係，但只要是正派的宗教就好。我覺得我幫舒安做皈依，就像是拿到護照或簽證的概念，我幫女兒辦好這個手續，象徵舒安在佛菩薩的引導下能往生西方極樂世界。」

安排舒安皈依的過程中，我懷抱著無比誠意與慎重的心情。雖然舒安是極重度的殘障者，可能無法理解「皈依」的意義，但我當作她沒有反對意見，因為我是她的母親和監護人，做這樣的決定對她的生理無傷，對她的心靈卻可能有正向的價值。所以在得到皈依師父的首肯後，我開始進行一些儀式和準備，並發願每天誦經、持咒、吃素，把這些祈福能量全部迴向給舒安。

持續兩個半月的時間，經歷了一些折騰後，舒安終於在二十三歲生日當天，帶著「正壓呼吸器」和氧氣桶接受皈依。完成皈依佛門的大喜事之後，舒安被賜予法號「願新」，這件事對我具有特別重大的意義，也是我得以「安心和放下」的重要關鍵之一。

離世，平靜而有尊嚴

我覺得安排好舒安心靈的歸宿，對我們準備「迎接死亡」時，具有安定心理的

效果。在這整個過程中，我的心是平靜的，因為我已有正知，明白死亡是必然的，是每個人必經的旅程，只需平靜地看待即可。也因此我非常清楚地拒絕所有的搶救措施，像是CPR、氣切，我選擇讓舒安以安寧緩和的療護方式離去，讓家人有時間陪伴她，讓她能平靜而有尊嚴地離開。

呼吸病房的醫師完全支持我的決定，僅以退燒和減緩疼痛的針劑，讓舒安的身體慢慢衰敗。長期以來，我為舒安發願：「願她臨終前不受醫療折磨，不受病苦折騰，願她能遇到很好的醫護人員，獲得臨終前的安詳。」而我的心願也實現了。

此外，我也認為我們對生命要有一種明瞭，明瞭只要我們盡心、沒有虧欠感，就可以心安；若有遺憾便要立即彌補，像是懺悔或對當事人說抱歉。

在舒安離世前，我做了充分的準備，例如先和師父預約臨終助念，因此舒安往生後十小時內都有師父和師兄姐陪伴，就連在殯儀館等候火化前，都有不認識的助念團師姐主動來幫忙誦經。

舒安往生後，我誠摯地將她交給佛菩薩安排，希望一切儉樸就好。我們的心情是卑微的，只有讓「最好的狀況來找我們」，不敢有任何奢望和強求，但舒安很乖巧，知道父母的經濟狀況不佳，冥冥之中順利讓我們在公墓找到可以放永久骨灰罈的好位置。一切隨順因緣，卻也能一切如意，真是感激呀！

意外的收獲

舒安遺體火化前三天，我邀請親友們寫篇文章，希望在告別式時能送給親友一份《舒安人生畢業紀念專輯》。彙編的過程也是我療傷的歷程，眾人的字裡行間滿是誠摯的祝福與正向、肯定的讚美，我也從中看到舒安的生命價值：她並非微小、殘缺又毫無價值，我看到她活出來的價值，並感恩這二十三年來，舒安雖有著受苦的殘障身軀，卻因為媽媽投身社會工作而受到關注，這讓我感到無比欣慰，生命的意義和形式竟是如此奇妙。

即便舒安往生了，我想我還是會繼續講述，讓舒安的故事繼續被傳頌、讓所有人回憶她。舒安的肉身雖死，但精神仍活在大家心中，只要我閉上眼睛，就可以看到舒安的笑容，這樣的感覺非常棒。

此外，透過《舒安人生畢業紀念專輯》，我還獲得意想不到的收穫！舒安的

爸爸從不曾拿筆寫文章，為了做這個專輯，他寫了一首至情至性的詩送給我們的女兒。我看到他將那首詩讀到第十遍才沒有再流淚，也因此才終於肯釋懷、願意原諒他。在此之前，我一直以為他既被動又保守，一個人躲在台北上班，讓我獨自帶著兩個孩子在遙遠的花蓮生活，形同分居一、二十年。我常在心裡和他生悶氣：「你覺得自己這樣做就夠了嗎？那我算什麼？我不是做得超過太多了嗎？」

後來我才明白，我根本不需計較，他不是故意沒有作為，而是不能，迫於現實的無奈，他選擇和我們分居。這首詩不但讓我原諒了他，也修補了夫妻關係，更是舒安送給父母的祝福。這個孩子留給我們最珍貴的禮物，便是她讓這個家能繼續圓滿。

放手之後的了悟

放手之後，生命之歌如何繼續傳唱下去？是我目前靜思的課題。

猶記舒安往生一週後，我到台北對著一群新手社工和教保老師講述「身心障礙者家長的親職課程」。那是一整天的在職教育訓練，我剛忙完女兒的喪葬事宜，身心俱疲，但是那天的課程我早在兩個月前就已答應主辦單位。面對喪女之事，我理當能請主辦單位另請講師或延期，但我自己經常在辦研習課程，很清楚知道這樣的更動會讓主辦者忙於協調和聯絡，因此仍然如期赴約。

站著講完一整天的課之後，我真的很累，特別是在那樣的處境下。課程結束前，我帶著疲倦的口氣誠懇地問在座學員：「你們有沒有感覺到我這門課很實際？都是些婆婆、媽媽們的感受，而你們知道為什麼嗎？」

我停頓一下，環視學員之後繼續說：「因為我也是家長，我知道家長心中的感受和需求。」頓時教室內鴉雀無聲。我又問：「你們想不想知道我的故事呢？」大家紛紛點頭，於是我播放了「我的故事」ＰＰＴ檔，那是五年前新書發表會時，出版社為我做的宣傳資料。

看完後，每位學員臉上都露出感動的神情。我再次問道：「你們想不想知道故事中那位小女主角的現況？」學員們又一一點頭，於是我將隨身碟裡尚未交付印刷的《舒安人生畢業紀念專輯》ＰＤＦ檔打開，首先映入眼簾的就是舒安爸爸那首詩〈乖仔兒〉。原本我輕聲朗誦著，但不知怎地竟然哽咽、無法繼續念下去，百感交集湧上心頭，現場也一片靜默。

突然間，兩位學員走到台前擁抱我，他們含淚拍著我的肩，承辦人員也拿起麥克風說：「老師，很抱歉，我們真的不知道妳發生這樣的事！妳真的很勇敢！請大家給林老師掌聲……」

不久，我懷著欣慰的心情走出教室，抬頭看見台北市車水馬龍的街景和灰濛濛的天空，覺得自己彷彿在作夢。十七年前，我背著舒安穿梭於大台北擠巴士、趕上班的往事突然浮現眼前，當時的我很茫然，只抱著一股船到橋頭自然直的勇氣，根本沒想到後來會移居花蓮，一腳踏進早療領域。在舒安的照顧上，我只能顧及「重質不重量」的原則，白天送去機構，傍晚接回家，遇到出差就託給教養院；能自己為舒安準備衣食住行的事，我絕不假手他人，若真分身乏術，才會請機構教保老師幫忙……這樣忙碌的日子，一晃眼竟也過了二十年。

百分之百與百分之二十

舒安往生前的那三年，我雇用一位越南籍看護日夜陪伴她，這位替代媽媽分擔了我的負荷，讓我的身體得以喘一口氣，也使我能夠安心讀完碩士。這樣的經驗，讓我想起十六年前早療協會成立之初，郭煌宗醫師帶我們一行人前往歐洲參訪德國北部的「兒童暨家長心理諮詢中心」時的景象。

那裡的主任曾說過一番話：「我們不樂見為了孩子的療育和復健，而把自己折騰累垮的父母；我們希望看到的是對生活付出百分之百、但是願意撥出百分之二十至三十精力給障礙兒女的家長。簡單來說，就是身心障礙兒的家庭和其家人，都要有生活本身充滿快樂和踏實的感覺，這樣才是健康的生活態度。」

臨別前，這位主任一再叮嚀我們，要鼓勵家長們「走出來」，要讓家長之間不斷交換心情、分享經驗，讓不同階層的家庭也能透過一些團體聯誼，突破心理障礙，共同經歷成長的路，她說這是很重要的，這能彌補專業人員做不到的心理支持面。這樣的經驗和提醒深深烙在我的心中，也是我這些年來在台灣大力鼓吹「家長支持團體」或「家長聯誼會」的動力，更是支持我將百分之百的精力用於生活，以兩、三成的力氣和時間照顧舒安的合理藉口。

如今舒安走了，我們彼此放手了，有人說：「愛就是無怨無悔的付出，而不求回報。」舒安或許真是上天派來我身邊，讓我學習「如何愛」的天使，否則完全沒

有理由能讓我心甘情願當二十三年的「憨母」。有時候，我不敢相信時間就這樣溜走了，每個階段的日子雖然都不輕鬆，卻鮮明無比；每天的生活雖然緊繃，卻讓我過得津津有味。這後半輩子，再也沒有人需要我牽腸掛肚了，我們都解脫了，功課也圓滿了。

慢飛的天使——舒安，正以她喜悅的姿態飛向新的淨土。

漫步在海邊

★榮獲「2007健康好書，悅讀健康」婦女健康類推介獎

作者以深情的筆觸記錄與心靈導師瓊．艾瑞克森間的友誼，坦率而感性地道出中年女性的困境和希望！

瓊．安德森⊙著，譚家瑜⊙譯
CA034/240頁/定價260

肯納園

【一個愛與夢想的故事】

★2007年中小學生優良課外讀物、中國時報開卷版2006年度好書
★各大媒體、網友部落格口碑推薦！

四個平凡的媽媽以不捨的親情和無邊的牽掛，攜手打造出全世界首座成年肯納兒的理想家園。

財團法人肯納自閉症基金會、瞿欣⊙著
彭玉燕⊙贊助　CA035/288頁/定價280

我的退休進行式

★蘇有朋真心推薦
★中廣、飛碟、正聲廣播、教育電台等媒體專訪報導

五十歲的謝芬蘭從建國中學輔導室瀟灑退休，亦詼亦諧與你分享她豐富的退休生涯⋯。

謝芬蘭⊙著　CA036/224頁/定價250

馴夫講座

【幸福婚姻的七堂課】

★榮獲行政院衛生署國民健康局「2007健康好書，悅讀健康」婦女健康類推介獎

作者結合了知見心理學、豐富的婚姻諮商經驗及親身的心路歷程，教妳如何溫柔地馴服伴侶，擁有幸福的婚姻。

栗原弘美⊙著，趙怡、楊奕屏⊙譯
楊承淑⊙審閱　CA037/224頁/定價250

幸福，從心開始

【活出夢想的十大指南】

★「2007健康好書，悅讀健康」心理健康類推介獎、2007年中小學生優良課外讀物

本書傳授實現願景的十大指南，幫助你勇敢活出夢想、覓得富足的幸福！

栗原弘美、栗原英彰⊙著，詹慕如⊙譯
CA038/224頁/定價250

我埋在土裡的種子

【一位教師的深情記事】

★News98張大春、正聲廣播電台、中廣、飛碟電台專訪報導、大紀元時報書評與書摘、「禪天下」雜誌人物專訪

中學老師林翠華以詩歌、文學、繪畫⋯，澆灌山海孩子的心靈。

林翠華⊙著　CA039/320頁/定價350

動物生死書（修訂版）

★2007年中小學人文類優良課外讀物！

知名的「寵物教主」杜白醫師，與您分享幫助同伴動物善終的技巧，幫助人們穿越生老病死苦的迷障！

杜白⊙著　CA040/256頁/定價260

山海日記

★廣播主持人余美人、侯昌明、傅娟等專訪推介

本書記錄了畢業於台大心理系、服替代役的黃憲宇與山海部落孩子們的互動點滴及溫柔心情。

黃憲宇⊙著　CA041/288頁/定價260

微笑，跟世界說再見

★2007年中小學人文類優良課外讀物！

本書充滿真誠的情感、溫暖的筆觸，很快登上美國暢銷書榜，賴其萬教授亦立刻寫專文推介！彼得．巴頓的故事讓我們看見：生命如此美好，死亡也不可懼，悲傷原本就是愛的一部份。

彼得．巴頓、羅倫斯．山姆斯⊙著
詹碧雲⊙譯　CA042/256頁/定價260

遇見100%的愛

★美國2006年度「促進更美好人生之書」及「最佳佛教作品」獎

作者是整合東方靈修傳統與西方心理治療的美國資深心理治療師，也是超個人心理學的前驅，他認為，愛的療癒是一種靈性工作，本書將帶您進入靈性閃亮的愛之旅。

約翰．威爾伍德⊙著，雷叔雲⊙譯
CA043/256頁/定價280

浴火鳳凰

【釋放憂鬱的靈魂】

本書是第一屆「浴火重生」另類文學獎的七篇佳作，更是七個飽受憂鬱症所苦，歷經生死交關，奮力戰勝憂鬱、找回力量的生命故事。

子雲等人⊙合著，文榮光、莊桂香⊙主編
CA044/256頁/定價280

時間的影子

★聯合報讀書人書評、警廣、中央電台專訪

60張畫作、12段故事，從藝術作品逃逸的人物，在不同的城市與荒原，帶您回到那曾被遺忘，卻非常重要的時光⋯。

盛正德⊙著　CA045/184頁/定價260

醫院裡的危機時刻

【醫療與倫理的對話】

本書訴說六個醫療倫理的處境，在後現代的醫療倫理中，討論的不單是醫病關係的權力黑洞，更根本的是，我們要如何以更謙卑的態度來面對患者的世界。

李察・詹納⊙著，蔡錚雲、龔卓軍⊙譯
CA022/288頁/定價300

時間等候區

【醫生與病人的希望之旅】

★行政院衛生署國民健康局「2004 健康好書」癌症防治類首獎！
★「紐約時報書評」讚譽為一傑作！

本書藉由六個故事訴說醫療倫理的處境，這些故事充滿生與死、苦與樂，幫助我們思考生命的強韌與無常。

傑若・古柏曼⊙著，鄧伯宸⊙譯，謝思民⊙審閱
CA023/320頁/定價320

我買了一座教堂

★自由時報、中國時報、聯合報、金石堂書店每週強力推薦、金石堂書店非文學類書榜Top200、誠品好讀、博客來書店編輯選書及主題推薦

黛薇拉・高爾⊙著，許碧惠⊙譯
CA024/256頁/定價280

舞孃變醫生

★金石堂書店強力推薦
★和信治癌中心醫院醫學教育講座教授賴其萬強力推薦

從性工作者到成為一位醫生，真人真事現身說法的勵志好書，看作者強韌的生命力，能為自己的人生重新燃起勇氣和熱力。

羅倫・洛希⊙著，詹碧雲⊙譯
CA025/280頁/定價280

空間就是性別

★博客來網路書店『知性人文類』圖書年度暢銷100
★自由時報副刊週末選書、聯合報讀書人新書上架
★張小虹、蘇芊玲、夏鑄九、二哥（賴杞豐）聯合推薦！

畢恆達⊙著　CA026/272頁/定價260

陪牠到最後

【動物的臨終關懷】

★亞馬遜網站2001年度好書選讀
★金石堂書店每週強力推薦、博客來網路書店編輯選書
★中國時報浮世繪書摘、文化藝術版書介、聯合報讀書人每週書評

麗塔・雷諾斯⊙著，廖婉如⊙譯
CA027/232頁/定價260元

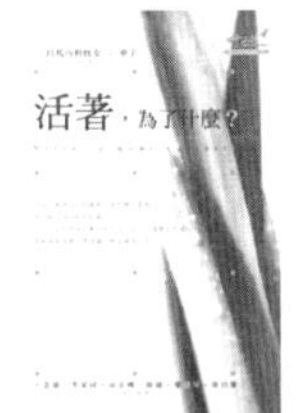

活著，為了什麼？

★中國時報開卷版、聯合報讀書人、中央日報副刊、中時晚報書介

幸福的秘密不在物質或精神之中，唯有愛的行動，生命才能完整展現。

以馬內利修女⊙著，華宇⊙譯
CA028/208頁/定價220

瓦礫中的小樹之歌

【921失依孩子的故事】

★中國時報開卷版、聯合報讀書人、各大電視電台媒體921六週年紀念特別報導！

本書是兒福聯盟社工群透過定期訪視，陪伴134位地震後失依孩子們成長的珍貴記錄。

兒福聯盟基金會、陳斐翡⊙編著
安泰人壽⊙贊助　CA029/240頁/定價250

野蠻的上帝

【自殺的人文研究】

★2005年12月誠品選書、中國時報開卷版、自由時報副刊推介
★王浩威、南方朔、胡忠信、吳佳璇、張曼娟、許悔之、楊照、羅智成口碑推薦！

跨越三千年的自殺與文學的研究，自殺研究中的經典之作！

艾爾・艾佛瑞茲⊙著，王慶蘋、華宇⊙譯
馬健君⊙審閱　CA030/368頁/定價380

親愛的，怎麼說你才懂

★行政院衛生署國民健康局「2007健康好書・閱讀健康」婦女健康類推介獎
★愛情大師孫中興（台大社會系教授）熱情推薦！中國時報開卷周報、大紀元時報書摘

瑪麗安・雷嘉多博士、蘿拉・塔克⊙著
魯宓⊙譯　CA031/322頁/定價260

慢飛天使

【我和舒安的20年早療歲月】

★第十三屆「全國十大傑出愛心媽媽」
★中國時報、康健雜誌、自由時報、聯合報、公視、台視、大愛等媒體報導

關於生命韌性和奇蹟的故事，林美瑗一家人癡心守護無法飛翔的天使！

林美瑗⊙著　CA032/224頁/定價260

今天不寫病歷

【一位精神科醫師的人文情懷】

★中國時報、聯合報、蘋果日報人物報導，中時開卷周報書評、聯合報讀書人專題報導及書評、壹週刊人物專訪

睡眠醫學權威李宇宙醫師多年筆耕精華，醫學人文課程的最佳教材。

李宇宙⊙著　CA033/288頁/定價280

牽著天使的手

17個慢飛家庭故事

作者—林美瑗

出版者—心靈工坊文化事業股份有限公司
發行人—王浩威　諮詢顧問召集人—余德慧
總編輯—王桂花　執行編輯—林依秀
特約編輯—吳寶娟　內頁排版—李宜芝　封面設計—薛好涵
通訊地址—10684台北市大安區信義路四段53巷8號2樓
郵政劃撥—19546215 戶名—心靈工坊文化事業股份有限公司
電話—02）2702-9186　傳真—02）2702-9286
Email—service@psygarden.com.tw　網址—www.psygarden.com.tw

製版・印刷—中茂分色製版印刷事業股份有限公司
總經銷—大和書報圖書股份有限公司
電話—02）8990-2588 傳真—02）2290-1658
通訊地址—248新北市新莊區五股工業區五工五路二號
初版一刷—2012年3月　ISBM—978-986-6112-36-2　定價—280元

版權所有・翻印必究。如有缺頁、破損或裝訂錯誤，請寄回更換。

國家圖書館出版品預行編目資料

牽著天使的手：17個慢飛家庭故事／林美瑗著.
--初版. -- 臺北市：心靈工坊文化, 2012.03
面；公分.--（Caring；67）

ISBN 978-986-6112-36-2（平裝）

1.身心障礙者 2.家庭 3.通俗作品

548.2　　100028153

心靈工坊 PsyGarden 書香家族 讀友卡

感謝您購買心靈工坊的叢書，爲了加強對您的服務，請您詳塡本卡，
直接投入郵筒（免貼郵票）或傳眞，我們會珍視您的意見，
並提供您最新的活動訊息，共同以書會友，追求身心靈的創意與成長。

書系編號—CA067　書名—牽著天使的手

姓名　是否已加入書香家族？□是 □現在加入

電話（公司）　（住家）　手機

E-mail　生日　年　月　日

地址 □□□

服務機構／就讀學校　職稱

您的性別—□1.女 □2.男 □3.其他

婚姻狀況—□1.未婚 □2.已婚 □3.離婚 □4.不婚 □5.同志 □6.喪偶 □7.分居

請問您如何得知這本書？

□1.書店 □2.報章雜誌 □3.廣播電視 □4.親友推介 □5.心靈工坊書訊
□6.廣告DM □7.心靈工坊網站 □8.其他網路媒體 □9.其他

您購買本書的方式？

□1.書店 □2.劃撥郵購 □3.團體訂購 □4.網路訂購 □5.其他

您對本書的意見？

封面設計	□ 1.須再改進	□ 2.尚可	□ 3.滿意	□ 4.非常滿意
版面編排	□ 1.須再改進	□ 2.尚可	□ 3.滿意	□ 4.非常滿意
內容	□ 1.須再改進	□ 2.尚可	□ 3.滿意	□ 4.非常滿意
文筆／翻譯	□ 1.須再改進	□ 2.尚可	□ 3.滿意	□ 4.非常滿意
價格	□ 1.須再改進	□ 2.尚可	□ 3.滿意	□ 4.非常滿意

您對我們有何建議？

▲您的意見，我們將轉貼在心靈工坊網站上，www.psygarden.com.tw

廣　告　回　信
台北郵局登記證
台北廣字第1143號
免　貼　郵　票

台北市106 信義路四段53巷8號2樓

讀者服務組　收

免　貼　郵　票

（對折線）

加入心靈工坊書香家族會員
共享知識的盛宴，成長的喜悅

請寄回這張回函卡（免貼郵票），
您就成爲心靈工坊的書香家族會員，您將可以——

⊙隨時收到新書出版和活動訊息

⊙獲得各項回饋和優惠方案